木火土金水

Mike Morell | Christian Begyn

Die 5-Elemente-Küche
für Genießer

Mike Morell | Christian Begyn

Die 5-Elemente-Küche
für Genießer

Mit der Traditionellen Chinesischen Medizin
zum inneren Gleichgewicht

Inhalt

In China sind Lebensmittel schon seit Tausenden von Jahren Bestandteil jeder Hausapotheke.

木　火　土　金　水

    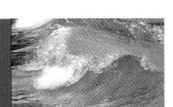

Wertvoller Begleiter

Seit vielen Jahren erstelle ich, Mike Morell, in meiner Tätigkeit als Heilpraktiker für meine Patienten Ernährungsempfehlungen, die im Sinne einer ganzheitlichen Betrachtungsweise die Behandlung unterstützen sollen. Sehr oft stellen die Patienten sich (und mir) dann die Frage, wie die Umsetzung dieser Empfehlungen erfolgen soll: Welche Lebensmittel und Gerichte können kombiniert werden, was eignet sich als Frühstück, was als Abendessen?

Da ich als Heilpraktiker praktisch veranlagt bin, habe ich immer wieder Antworten auf diese Fragen gesucht, wollte die Theorie also in die Praxis umsetzen. Ein eher unbefriedigendes Unterfangen – bis ich den Sternekoch Christian Begyn bei einem seiner Kochkurse kennenlernte. Es stellte sich heraus, dass Christian Begyn ein halbes Jahr zuvor damit begonnen hatte, sich mit der Philosophie der Fünf Elemente auseinanderzusetzen, u. a., weil er auf gesunde Weise sein Übergewicht bekämpfen wollte. Selbst er als Profi (allerdings der westlichen Küche) wusste zu Beginn nicht genau, was er essen bzw. kochen dürfe; doch aufgrund seiner Erfahrung und seiner Freude am Kochen fand er recht schnell entsprechende Ansätze und Rezepte. Mit deren Hilfe konnte er die Ernährungsempfehlungen der Fünf-Elemente-Küche schmackhaft umsetzen – und 15 Kilo abnehmen, ohne auf seine gewohnt exquisite Küche zu verzichten!

So fanden wir schnell ein gemeinsames Ziel: interessierten Hobbyköchen und auch Patienten der Traditionellen Chinesischen Medizin eine Hilfestellung in Form eines Kochbuchs anzubieten. Kein Kochbuch, das eine Therapie ersetzen soll, sondern ein Kochbuch als ständiger Begleiter in der Küche, als Nachschlagewerk und Anregung, mit köstlichen und leichten Gerichten für jeden Tag und jede Jahreszeit.

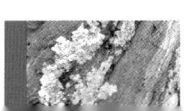    

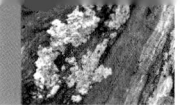

Köstlich und gesund

Hauptanliegen der Traditionellen Chinesischen Medizin (TCM) ist die Erhaltung der Gesundheit. Konsequenterweise wurde im alten China der Hausarzt nur so lange bezahlt, wie sein Patient gesund blieb.

Schon vor Jahrtausenden hat die TCM den Einfluss der Ernährung auf Gesundheit und Krankheit entdeckt. Eine gute, ausgewogene Ernährung, bei der alle Organe optimal mit den ihnen angemessenen Speisen versorgt werden, erhält die Gesundheit. Die theoretische Grundlage dieser Küche bildet die Lehre der Fünf Elemente. Die TCM hat daraus eine ganz eigene Ernährungslehre (Diätetik) entwickelt: Sie ist die Kunst, Krankheiten mit einer energetisch und jahreszeitlich angepassten Ernährung zu vermeiden.

Für chinesische Ärzte gibt es daher keine Trennung zwischen medizinischer und Ernährungstherapie. So sind in China gute Therapeuten in aller Regel auch gute Köche. Die spezielle Diätetik der TCM zielt auf eine Ernährung, die die Gesundheit erhält, Krankheiten vorbeugt, die Genesung vorantreibt und die Heilung fördert. Sie gehört wie die Akupunktur zu den höchsten und schwierigsten Künsten. Die Behandlung eines Patienten ohne Ernährungsempfehlungen ist für die TCM nahezu undenkbar; sie geht davon aus, dass es keine Krankheit gibt, die nicht mit einer angepassten Ernährung beeinflusst werden könnte.

Doch auch im westlichen Kulturkreis weiß man schon seit Langem, dass die Ernährung eine grundlegende Rolle für die Gesundheit spielt. Bereits Hippokrates lehrte: »Eure Nahrungsmittel sollen Heilmittel und eure Heilmittel sollen Nahrungsmittel sein!« Und auch bei Hildegard von Bingen finden sich viele diätetische Empfehlungen. In der Tat kann gesundes Essen erstaunliche Wirkungen zeigen, manchmal schneller – und auch kostengünstiger – als eine Kräutertherapie. Die Ernährungstherapie überzeugt als ebenso außergewöhnliches wie praktikables Heilverfahren. Viele Patienten in China werden noch heute von ihren Ärzten ausschließlich mit Ernährungsumstellung und Kräutern geheilt.

木 火 土 金 水

木　火　土　金　水

Die europäische Kochkunst ist ausgezeichnet. Und wenn man die energetische Ernährungslehre der TCM den westlichen Ernährungs- und Geschmacksgewohnheiten anpasst, kann man aus unseren regionalen Rezepten ein Essen zaubern, das nicht nur hervorragend schmeckt, sondern auch noch gesund macht und gesund erhält.

Dieser gute Geschmack der Gerichte und die Praktikabilität der Rezepte bilden zusammen mit der »Küchenphilosophie« den Inhalt dieses Buches. Alle Rezepte lassen sich ohne großen Aufwand in der eigenen Küche nachkochen. Denn schließlich geht es um gesundes, wohlschmeckendes Essen für jeden Tag.

In diesem Sinne wünschen wir Ihnen einen »gesunden« Appetit!

Mike Morell und Christian Begyn

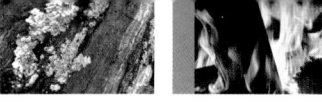
Dào, Qi, Yin und Yang

Dào

Dào (oder Tao) bedeutet Weg. In der daoistischen Philosophie steht es für ein ewiges Wirk- oder Schöpfungsprinzip. Gemäß Laozi bringt das Dào »das Eine« hervor, die Lebenskraft Qi, und dieses »die Zwei«, die Polaritäten Yin und Yang. Aus Yin und Yang entstehen »die Drei« und durch diese die manifestierte Welt der Zehntausend Dinge. Doch das Dào ist mehr als Einheit; es durchzieht die gesamte Schöpfung. Da das Dào alles umfasst, ist es eigentlich unbeschreiblich. Man kann z. B. nicht sagen, es besitze eine Existenz, denn das hieße, seine Nicht-Existenz auszuschließen; doch sagte man, es existiere nicht, würde man seine Erscheinung in der Fülle der Welt leugnen.

Qi

Qi ist ein zentraler Begriff des Daoismus und eine wesentliche Grundlage der Traditionellen Chinesischen Medizin. Qi (auch Chi oder Ch'i, japanisch Ki, koreanisch Gi) bedeutet Energie, Atem, Fluidum. Wörtlich übersetzt heißt es Luft, Dampf, Hauch, Äther, aber auch Energie, Temperament, Kraft. Am besten lässt es sich als vitale Energie oder Lebenskraft begreifen.

Besondere Bedeutung hat es für die belebte Welt. So trägt das Qi der Sonne zum Wachstum der Pflanzen bei, das Qi der Erde trägt das Haus und das Qi der Leber verteilt das Blut im Körper.

Yin und Yang

Im ursprünglichen Qi (Yuanqi) waren Yin und Yang noch vermischt. Himmel und Erde bildeten sich durch Trennung des Einen. Das Yangqi stieg hell und klar empor und wurde Himmel, das Yinqi wurde dunkel und schwer und sank zur Erde. Dargestellt werden Yin und Yang als kältere Nordseite (Yin) und wärmere Südseite (Yang) eines Berges. Dementsprechend steht Yang für Wärme, für aufsteigende und sich ausbreitende Energie, während Yin für Kälte, für absteigende und sich zusammenziehende Energie steht.

Yin und Yang tauchen immer als Paar auf. So ist Yang das männliche, aktive, zeugende, schöpferische Prinzip; Yin ist das weibliche, passive, empfangende, ebenfalls schöpferische Prinzip. Yin und Yang ergänzen und bedingen sich, es

木　火　土　金　水

sind Polaritäten, keine Gegensätze. Keines kann ohne das andere sein. Zwischen beiden bestehen grundlegende Wechselbeziehungen, deren Ausgewogenheit die Basis der Gesundheit ist. Gesundheit heißt laut TCM, dass sich Yin und Yang in einem dynamischen Gleichgewicht befinden.

Dynamisch muss das Gleichgewicht sein, weil Yin und Yang nicht nur einander ergänzende Gegensätze sind (erst Tag und Nacht ergeben einen ganzen Tag), sondern sich auch gegenseitig verbrauchen und wandeln. Wenn eines stark wird, wird das andere schwach; gleichzeitig wandeln sich beide ineinander, wenn sie ihren jeweiligen Zenit erreicht haben.

Auch Nahrungsmittel werden Yin und Yang zugeordnet. Dabei ist es wichtig, ob die Nahrungsmittel wärmend, trocknend, erhebend oder kühlend, befeuchtend und absenkend sind. Erstere stärken das Yang, Letztere das Yin.

Der Mensch zwischen Yin und Yang

Der Mensch fungiert als Medium, als Mittler zwischen Yin und Yang. Dabei sollte er genau in der Mitte sein und Yin und Yang in ausgewogenem Maße in sich vereinen. Gemeinsam bilden Yin und Yang sowie der Mensch »die Drei«. Wichtig wird dies in der Organlehre der TCM. Sie teilt den Körper in eine obere (Yang) und eine untere (Yin) Hälfte ein. Dazwischen wird – gleichsam als Vermittler – ein »Dreifacher Erwärmer« gesehen. Diesem sind keine Organe zugeordnet, er stellt vielmehr den Zusammenhang zwischen den Organen her. Man kann ihn sich etwa als Stoffwechsel vorstellen: Er reguliert die Verteilung von Wärme, Flüssigkeiten, Nahrung und Ausscheidungsprodukten.

Der Dreifache Erwärmer ist selbst wiederum in drei Bereiche gegliedert:

- Der obere Erwärmer ist für Atmung, Durchblutung und Feuchtigkeitshaushalt zuständig. Seine Organe sind Herz und Lunge.
- Der mittlere Erwärmer ist für Verdauung und Verteilung der Nährstoffe zuständig. Seine Organe sind Milz, Magen, Leber und Gallenblase.
- Der untere Erwärmer ist für die Trennung von Nützlichem und Überflüssigem und für Speicherung der Essenz bzw. die Ausscheidung der Abfallstoffe zuständig. Seine Organe sind Nieren, Dünndarm, Dickdarm und Blase.

Die Jahreszeiten

Die chinesischen Jahreszeiten stimmen nicht mit unserer Rechnung überein. In China dauern Frühling, Sommer, Herbst und Winter jeweils 72 Tage. Sie beginnen und enden jeweils 36 Tage vor der Tag- und Nachtgleiche im März bzw. September und vor der Sommer- bzw. Wintersonnwende. Die fehlenden Tage werden als Übergangszeiten gesehen. Den vier Jahreszeiten wird jeweils ein Element zugeordnet. Das verbleibende fünfte Element – Erde – gehört zu den Übergangszeiten, die zwischen den Jahreszeiten liegen.

Besonders wichtig sind die Jahreszeiten für die Ernährung, insbesondere die Wahl der Speisen. Sie bestimmen, was wir brauchen. Wie uns eine dicke Jacke von außen vor Erkältungen schützt, kann ein gutes, der Jahreszeit angemessenes Essen uns von innen ebenfalls vor Erkältungen schützen. So können wir im Winter auf die dicke Jacke zwar nicht verzichten, doch sie schützt uns noch effektiver. Die Auswahl der Speisen sollte demnach der Jahreszeit angemessen sein. Im Winter, wenn es kalt ist, sollten eher wärmende statt kühlende und erfrischende Nahrungsmittel auf dem Speiseplan stehen; an einem sehr nassen Tag empfehlen sich trocknende statt befeuchtende Speisen.

Frühling
Alles sprießt; Kreativität und Motivation kommen auf.

In dieser Jahreszeit sollten Nahrungsmittel wie grünes Gemüse oder Sprossen gegessen, Fleisch und Fettiges dagegen gemieden werden. Rohkost sollte lediglich einen geringen Anteil ausmachen. Ideal sind leichte Getreide-Gemüse-Gerichte. Ein leicht säuerlicher Geschmack verhindert, dass wir uns bei zu vielen Projekten verausgaben, und bewahrt unsere Energien. Im Frühling kann die Leber sehr gut entgiftet werden, in China ist dies jedoch keine Zeit für eine Fastenkur. Hier entgiftet man die Leber eher mit Getreide (feuchte Hitze ausleiten).

Sommer
Das Leben spielt sich im Freien ab. Es ist die Zeit der Kommunikation.

Die vorherrschende Hitze sollte mit erfrischendem Gemüse, Pilzen, Blattsalaten, Sprossen und Obst ausgeglichen werden. Auch im Sommer sollten gekochte

木 火 土 金 水

Nahrungsmittel überwiegen. Kombiniert werden kann mit ein wenig Fleisch, der Anteil an Fettigem sollte gering bleiben. Um gegen die Sommerhitze gefeit zu sein, empfehlen sich kühlende Gerichte wie Salate aus gekochten Gemüsesorten. Sehr gut geeignet sind auch kühlende Speisen und Getränke, die bei Raumtemperatur gegessen bzw. getrunken werden. Eiskalte Getränke sind nicht sinnvoll, da die Kälte zunächst auf die Verdauungsorgane trifft und deren Kraft herunterkühlt bzw. schwächt. Es gibt aber auch heiße Getränke, die sehr gut kühlen – der in Nordafrika beliebte Pfefferminztee ist ein gutes Beispiel dafür.

Herbst
Es überwiegt die Trockenheit; die Körpersäfte ziehen sich zurück und bereiten sich auf den Winter vor.

In dieser Jahreszeit sind vor allem Lunge und Dickdarm beeinträchtigt, es kann zu trockenem Husten oder Verstopfung kommen. Die innere Trockenheit sollte durch Kombinationen befeuchtender Nahrungsmittel wie Reis, Schwarzwurzel oder Blumenkohl ausgeglichen werden. Schärfere Speisen wie Rettich, Kohlrabi, Zwiebel und Lauch sowie Gewürze (z. B. Ingwer) und Fleisch unterstützen das Immunsystem. Generell darf der Anteil eiweißhaltiger Nahrung (Fleisch, Fisch, Eier, Hülsenfrüchte) steigen. Auch mit kräftigenden Suppen und Eintöpfen kann man den widrigen Bedingungen entgegenwirken. Auch Alkohol zum Kochen und Flambieren bietet sich nun an.

Winter
Nun zieht sich die Lebenskraft in den Keim zurück.

Im Winter ist es vor allem wichtig, die Kälte auszugleichen. Deshalb sollten jetzt Fleisch, Nüsse, Hülsenfrüchte, Trockenobst, kräftigende Suppen mit Algen, Eintöpfe, frische Wurzelsalate, Kompott und Gemüsegerichte gegessen werden. So können die Reserven wieder aufgefüllt werden, und die Knochen bekommen eine gute Struktur. Der Anteil an Rohkost sollte sehr gering sein, und auch Fruchtsäfte sowie grüner Tee sollten nur in Maßen genossen werden.

Zwischenzeiten

Die wichtigsten Übergangszeiten zwischen den vier Jahreszeiten sind die Erntezeit zwischen Sommer und Herbst, die wir auch Altweibersommer nennen, und die Zeit zwischen Frühjahr und Sommer. Nahrungsmittel, die man diesen Zeiten zuordnet, sind ausgleichend und harmonisierend. Zu ihnen gehören Rindfleisch, Kartoffeln u. Ä.

Die fünf Elemente

In der chinesischen Philosophie werden fünf Elemente beschrieben: Holz, Feuer, Erde, Metall und Wasser. Diese Elemente kann man sich zyklisch, einander nährend, aber auch einander kontrollierend vorstellen. Manchmal wird die Ordnung der Fünf Elemente aber auch folgendermaßen dargestellt: die Erde in der Mitte eines Rades, Wasser unten (als großes bewahrendes Yin), Feuer oben (als großes schöpfendes Yang), Holz links (als kleines, nach außen strebendes Yang) und Metall rechts (als kleines, zusammenziehendes Yin).

Diese Darstellung deckt sich mit dem chinesischen Verständnis der Jahreszeiten: Der Winter, die Ruhephase des Lebens, ist dem Element Wasser zugeordnet; er bereitet das Frühjahr vor. Für dieses steht das Holz, das hervorbringt und austreibt. Feuer und Sommer folgen; sie bedeuten Hitze und verzehrende Schöpfung. Der Herbst gehört dem Element Metall zu; er konzentriert, reift und zieht die Säfte nach innen. Ihm schließt sich wieder die Ruhephase – Winter und Wasser – an. Die Erde schließlich bildet die alles verbindende, überleitende Jahreszeit zwischen den anderen Jahreszeiten.

Die Fünf Elemente bieten einen Ansatz zum Verstehen des Lebens in all seinen Wandlungen. In ihnen zeigen sich Werden, Veränderung und Vergehen. Auch für die Ernährungslehre der TCM sind die Fünf Elemente von zentraler Bedeutung: Ihnen sind die Organe, unsere Nahrungsmittel sowie deren thermische und geschmackliche Eigenschaften zugeordnet. So kann man über die Ordnung der Fünf Elemente zu einer Ordnung der Nahrungsmittel sowie zu ihrer Bedeutung im Zyklus des Lebens allgemein und im menschlichen Körper im Besonderen finden.

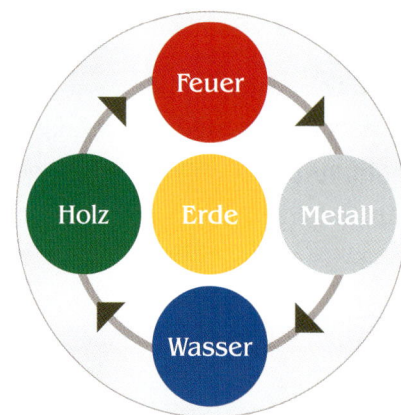

Die Fünf Elemente der TCM beeinflussen sich gegenseitig und spielen eine große Rolle bei der Ernährung.

Eine Ernährung im Einklang mit der Natur, den Jahreszeiten und den Elementen ist eine Ernährung, die Körper, Geist und Seele schützt und stärkt.

Die Fünf Elemente und die Organe

Die Organe, ihre Funktionen und Zusammenarbeit werden hier aus chinesischer Sicht erklärt. Manches überschneidet sich mit westlichen Ansichten, anderes erscheint zunächst vielleicht als fremd. So sind beispielsweise nach westlicher Medizin die wesentlichen Aufgaben der Milz die Bildung von Lymphozyten, der Abbau roter Blutkörperchen und die Beteiligung an der Blutgerinnung; die TCM hingegen sieht in der Milz den »Chef« des gesamten Verdauungstraktes sowie die Regulierungsinstanz der Ratio.

Die einzelnen Organe bestehen jeweils aus einem Yin- und einem Yang-Anteil. Der Yin-Anteil, die Substanz, ist das Organ selbst mit seinen Flüssigkeiten und Strukturen. Der Yang-Anteil ist für die Bewegung und Erwärmung des Yin-Anteils zuständig, steht also für Energie und Wärme. Yin und Yang sollten im Gleichgewicht sein.

    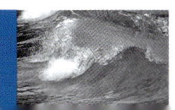

Holzelement

Dem Holzelement sind die Organe Leber und Gallenblase zugeordnet.

Leber Die Leber reguliert den freien Fluss der Energie und sorgt für eine ungehinderte Bewegung der Substanzen im Körper. Dies tut sie, indem sie Blut speichert: Bei körperlicher Ruhe kehrt das Blut zur Leber zurück, regeneriert sich dort und strömt bei erneuter Aktivität wieder aus. Ein harmonischer Energiefluss unterstützt alle Körperfunktionen. Die Leber ist auch Sitz der Seele, sie beherrscht die Gefühle, sorgt für geistige Ausgeglichenheit und Durchsetzungskraft und bestimmt die Fähigkeit, das Leben zu planen.

Sehnen und Bänder werden der Leber zugeordnet, Fingernägel werden als Ausläufer der Sehnen betrachtet. Ernährung, Sehkraft und Befeuchtung der Augen hängen von der Leber ab; so ist die Tränensekretion eine Sekretion der Leber. Wut, Zorn und Ärger behindern den freien Energiefluss, es kommt zu schmerzhaften Blockaden und Stauungen.

Wind füllt Leber und Gallenblase im Allgemeinen mit Energie. Hat der Mensch allerdings bereits zu viel Energie in diesen Organen, kann es an den ihnen zugeordneten Energieleitbahnen, den Meridianen, ebenfalls zu Stauungen kommen. Sie haben ihre Ursache in einer Überfülle und können sich durch Nacken- und Kopfschmerzen bemerkbar machen.

Gallenblase In der Gallenblase wird Gallenflüssigkeit gespeichert und bei Bedarf zur Unterstützung der Verdauung abgegeben. In der TCM steht sie für Mut und Entscheidungsfreude. Die Entscheidungsfähigkeit der Gallenblase hilft der Leber bei der Lebensplanung. Bei einer Schwäche der Gallenblase verzagt der Mensch, und es fällt ihm schwer, Entscheidungen zu treffen.

Feuerelement

Zum Element Feuer gehören Herz und Dünndarm.

Herz Aufgabe des Herzens ist die Regulierung von Blutkreislauf und Puls; es beherbergt den Geist und wacht über den Schlaf. Das Herz steht auch für Stilempfinden und Geschmack. Generell hängt es mit allen psychischen, intellektuellen und spirituellen Fähigkeiten und Aktivitäten zusammen, die eine Persönlichkeit unverwechselbar machen.

木　火　土　金　水

Aus Störungen des Herzens entstehen Störungen des Kurzzeitgedächtnisses und des Schlafs sowie spontanes und nächtliches Schwitzen, Unruhe und Verwirrung. Freude und Liebe sind die positiven Emotionen des Herzens; doch auch alle anderen Gefühle hängen mit dem Herzen zusammen und wirken darauf ein – Stress, große Erregung oder Gier etwa können dem Herzen Schaden zufügen. Darüber hinaus kann das Herz schnell durch Hitze geschädigt werden.

Dünndarm Der Dünndarm trennt Reines von Unreinem und führt zur Konzentration auf das Wesentliche. Er resorbiert die Nahrung und macht so aus körperfremden körpereigene Stoffe. Auch geistig steht der Dünndarm für das Scheiden von Wichtigem und Unwichtigem. Er schützt den Geist vor Überlastung – allerdings nur in wachem Zustand. Beim Einschlafen oder unter Hypnose werden Informationen ungefiltert aufgenommen.

Eine schwache Dünndarmenergie führt nicht nur zu einer schlechten Verdauung. Sie kann auch zu Verwirrung, Unordnung und unkontrolliertem Horten aller möglichen Dinge führen, da die Unterscheidung zwischen Nötigem und Unnützem nicht mehr getroffen wird.

Erdelement
Die zugehörigen Organe sind Milz und Magen.

Milz Die Milz ist der »Chef« der Verdauungsorgane: Sie regiert über Magen, Dick- und Dünndarm sowie über die Bauchspeicheldrüse. Ihre Aufgabe ist die Kontrolle des Verdauungsprozesses von der Nahrungsaufnahme bis zur Ausscheidung über den Stuhl. Sie sorgt für die Umwandlung der Nahrung und stellt somit die größte Energiequelle des Körpers dar. Um die Verdauungskraft der Milz zu erhalten, ist es wichtig, darauf zu achten, was man isst.

Mund, Lippen und Geschmackssinn stehen mit der Milz in Verbindung; die Milz ist gewissermaßen der Feinschmecker unter den Organen. In jüngeren Jahren fällt eine schlechte Ernährung weniger ins Gewicht, da wir von unseren Eltern einen »Energiekredit« erhalten haben, der aufgezehrt werden kann. Mit zunehmendem Alter wird es jedoch immer wichtiger, was wir essen; Ernährungsfehler machen sich dann immer schneller bemerkbar.

Die Milz beherrscht auch das Denken, das Lernen, die Konzentrationsfähigkeit und – als negative Seite – das Grübeln. So kann beispielsweise die Verdauungskraft durch Lernen auf eine Prüfung oder durch Grübeln über die Lebenssituation geschwächt werden.

    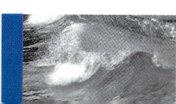

Feuchtigkeit kann die Milz aus dem Gleichgewicht bringen. Gefährlich sind kurzkettige Kohlenhydrate wie Brot, Süßigkeiten, Pasta, Milchprodukte und Bananen, was sich in Übelkeit, weichem Stuhl, Müdigkeit oder Übergewicht äußern kann.

Magen Die Funktion des Magens besteht in der Aufnahme, Aufschlüsselung und Fermentierung der Nahrung. Übermäßige Sorgen und negatives Denken können zu einer Energieblockade des Magens führen; dann kann es zu brennenden Schmerzen, Aufstoßen und Übelkeit kommen.

Die Energie des Magens ist nach unten gerichtet; bei Störungen und Schwäche kann sich der Energiefluss jedoch umkehren. Die Folgen sind Übelkeit, Sodbrennen oder Erbrechen. Zum »Einkochen der Nahrung« braucht der Magen viel Flüssigkeit und reagiert deshalb empfindlich auf Trockenheit. Läuft der Magen heiß, erhält er also thermisch zu heiße Nahrung, entwickelt er sich zum Hochofen. Er braucht immer mehr Brennmaterial, und der Mensch hat ständig Hunger, was auch als Magenfeuer bezeichnet wird.

In China spielt sich das Leben zu einem Großteil noch auf der Straße ab. Hier werden Neuigkeiten ausgetauscht, hier wird Geselligkeit gepflegt.

Lunge Die Lunge dominiert die Energie und kontrolliert die Atmung. Sie ist für die Immunabwehr zuständig und verteilt Körperflüssigkeiten sowie Energie im ganzen Körper. Nach der Milz ist sie die wichtigste Energiequelle; sie stellt Energie über die eingeatmete Luft zur Verfügung. Unreine Flüssigkeiten kann sie über die Harnblase ausleiten. Die Lunge ist mit der Haut gekoppelt und schützt die Körperoberfläche vor Krankheitserregern. Darüber hinaus beherbergt sie den Instinkt und kann von negativen Emotionen blockiert werden. Auch Trockenheit kann die Lunge schädigen, weshalb vor allem im Winter darauf geachtet werden muss, dass die Raumluft nicht zu trocken ist. Durch die Tonisierung der Lunge wird das Immunsystem gestärkt.

Dickdarm Der Dickdarm übernimmt den Nahrungsbrei vom Dünndarm, absorbiert Flüssigkeit und scheidet den Stuhl aus. Er schließt den Verdauungsvorgang ab. Probleme der Lunge können sich auch auf den Dickdarm auswirken und zu Verstopfung oder Durchfall führen. Auslöser dieses Mechanismus können negative Gefühle wie etwa Trauer oder Sorgen sein.

Wasserelement
Zum Wasserelement gehören die Nieren und die Harnblase.

Nieren Die Nieren sind ein Urorgan und beinhalten sowohl die Wurzel aller Energie als auch die Wurzel aller Substanz. In gewisser Weise kann man die Nieren also als Wurzel des Lebens betrachten. Zu ihren Aufgaben gehören die Speicherung der Essenz und die Lenkung von Entwicklung, Reproduktion und Altern. Sie fungieren als »Tor der Vitalität« sowie als eine Art Drainagesystem, indem sie die Produktion und Bewegung der Körperflüssigkeiten regieren.
Die Nieren sind zudem zuständig für Willenskraft, Libido und Selbstvertrauen. Furcht und Angst schwächen die Nieren, es zeigen sich mangelndes Selbstvertrauen und Ängstlichkeit. Ebenfalls den Nieren zugeordnet sind Knochen, Zähne und Ohren. Kälte schadet den Nieren.

Harnblase Die Blase nimmt die Flüssigkeiten aus Darm und Nieren auf und scheidet sie als Urin aus. Sie hält die unteren Harnwege frei und offen. Ihre Funktion hängt stark von der der Nieren ab.

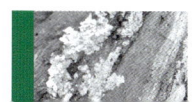

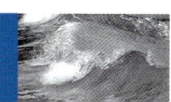

 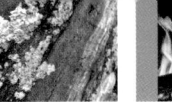    

Die Fünf Elemente und die Nahrungsmittel

Auch die Nahrungsmittel werden den Fünf Elementen zugeordnet. Diese Zuordnung erfolgt im Wesentlichen aufgrund ihrer geschmacklichen Wirkungen. Daneben spielen aber auch die Jahreszeiten, in denen die Nahrungsmittel reif und verfügbar sind, eine wichtige Rolle.

Holzelement

Dem Holz werden der Frühling sowie eine aufsteigende Qualität zugeordnet. Die geschmackliche Wirkung der entsprechenden Nahrungsmittel ist sauer. Saurer Geschmack bewahrt die Körpersäfte.

Feuerelement

Das Feuerelement repräsentiert den Sommer mit seiner expandierenden Qualität. Die entsprechenden Nahrungsmittel sind bitter, da der bittere Geschmack der sich ausbreitenden Tendenz entgegen, also zusammenziehend oder adstringierend wirkt.

Erdelement

Das Erdelement steht für die Übergangsphasen zwischen den vier Jahreszeiten. Der korrespondierende Geschmack der Nahrungsmittel ist süß.

Metallelement

Das Metallelement ist das Element des Herbstes. Nahrungsmittel mit scharfem Geschmack wirken der zusammenziehenden, nach unten führenden Tendenz dieser Jahreszeit entgegen.

Wasserelement

Dem Wasserelement ist der Winter zugeordnet. Seine zusammenziehende Qualität – diese Wirkung übt er besonders auf die Nieren aus – schwächen Nahrungsmittel mit salzigem Geschmack ab.

 木 火 土 金  水

Energetische Einteilung

Nahrungsmittel werden von der TCM unter vier Aspekten betrachtet:

Thermische Wirkung: Wirkt das Nahrungsmittel heiß, warm, neutral, kühlend oder kalt auf den Körper?

Geschmackliche Wirkung: Wirkt das Nahrungsmittel süß (und damit auf Milz und Magen), salzig (auf Nieren und Harnblase), sauer (auf Leber und Gallenblase), scharf (auf Lunge und Dickdarm) oder bitter (auf Herz und Dünndarm)?

Spezielle Wirkung auf ein gezieltes Organ: Lammfleisch z. B. wirkt auf die Nieren; es wird jedoch dem bitteren Geschmack zugeordnet, wirkt also auch auf Herz und Dünndarm. Diese Mehrfachbeziehung widerspricht sich in der TCM nicht.

Wirkrichtung des Nahrungsmittels: Hebt das Nahrungsmittel und regt es an? Senkt es und führt es ab? Zieht und hält es zusammen oder befreit es? Diese Mischformen ergeben sich häufig aus der Kombination von Geschmack und thermischer Wirkung. In diesem Buch konzentrieren wir uns auf die ersten beiden Aspekte (Thermik und Geschmack).

Nach der Zugehörigkeit der Nahrungsmittel zu einem der Fünf Elemente richtet sich seine geschmackliche Wirkung; gekoppelt mit der thermischen Prägung ergibt sich eine spezielle Wirkung auf die Organe. Auf diesen Wirkungen basieren die überwiegenden therapeutischen Ernährungsempfehlungen in der TCM.

So haben beispielsweise alle Nahrungsmittel, die dem Holzelement zuzuordnen sind, durch ihren sauren Geschmack einen Bezug zu Leber und Gallenblase. Die beiden Organe werden gewissermaßen direkt vom sauren Geschmack genährt. Ein mäßig saurer Geschmack wirkt unterstützend auf Leber und Gallenblase, ein Übermaß an Saurem hingegen führt zu einer Einschnürung vor allem der Leberenergie, was wiederum zu Blockaden führen kann.

Die Therapeuten der TCM arbeiten gezielt mit diesem Wissen. So empfehlen sie etwa bei Hitze in der Leber, dieses Organ mit Nahrungsmitteln von saurem Geschmack und erfrischender Thermik (z. B. Äpfel) zu beleben. Doch außer zur Heilung kann man das Wissen auch zur Vorbeugung und Gesunderhaltung einsetzen – und nicht zuletzt ergibt sich daraus eine ausgeglichene, wohlschmeckende Ernährung für jede Jahreszeit.

Thermische Wirkungen

Den Nahrungsmitteln lassen sich fünf Temperaturwirkungen zuordnen: heiß, warm, neutral, erfrischend und kalt. Damit ist nicht die Temperatur der Nahrungsmittel selbst gemeint, sondern ihre Wirkung auf die Organe, insbesondere auf die Verdauungsorgane. Tomaten z. B. wirken stark kühlend – ob warm als Sauce oder kalt als Salat verzehrt. Kochen verändert Nahrungsmittel in ihrer Thermik nicht wesentlich, macht sie aber bekömmlicher.

Wichtig ist die thermische Wirkung, weil die TCM davon ausgeht, dass die Verdauungsorgane eine gewisse Wärme benötigen, um die Nahrung aufzuschlüsseln, die wertvollen Nährstoffe auszulösen und im Körper dorthin zu transportieren, wo sie gebraucht werden. Wird den Verdauungsorganen diese Wärme nicht mit der Nahrung zugeführt, muss sie dem Körper entzogen werden. Die Folge: Der Körper kühlt aus. Ist zu wenig Wärme vorhanden, kann die Nahrung nicht vollständig verwertet werden, was zu Verdauungsbeschwerden und längerfristig zu Blutarmut, Mangelzuständen sowie kalten Gliedmaßen führt.

Grundlegendes Ziel der chinesischen Diätetik ist es, sich nicht thermisch einseitig, sondern thermisch neutral zu ernähren. Berücksichtigt man die Thermik der Nahrungsmittel, hilft dies also schon dabei, wesentliche Ernährungsfehler zu vermeiden – eine einfache Möglichkeit, gesund zu bleiben.

Asiatische Gemüsemärkte und Straßenstände laden geradezu zum Genießen frischer, saisonaler Produkte ein.

Wichtig ist auch die jahreszeitliche Anpassung des Speisezettels. So können im Sommer vermehrt erfrischende Nahrungsmittel wie beispielsweise Rohkost verwendet werden. Eine milde Zubereitung hilft überdies dabei, die Hitze auszugleichen. Im Winter hingegen sind wärmende Nahrungsmittel empfehlenswert, Rohkost ist eher zu meiden. Eine besonders würzige Zubereitung wirkt der Kälte entgegen und hält die Wärme im Körper. In vielen traditionellen Rezepten ist dieses Wissen bereits enthalten; Lebkuchen beispielsweise sind mit Nelken und Zimt gewürzt, was nicht nur gut schmeckt – die thermische Wirkung (heiß) unterstützt darüber hinaus das Immunsystem, was im Winter natürlich besonders wichtig ist.

Das oberste Gebot – Ausgewogenheit

Die Kombination von Nahrungsmitteln der drei mittleren thermischen Wirkungen (warm, neutral, erfrischend) gewährleistet das ganze Jahr über eine Ausgewogenheit, die dafür sorgt, dass Energie und Körpersäfte gleichmäßig aufgebaut werden und es nicht zu Kälte- oder Hitzezuständen kommt. Das gesunde Gleichgewicht zwischen Saft und Kraft wird auch durch eine Verwendung gekochter neutraler Vollkorngetreide bewirkt, die Kartoffeln, Nudeln und Brot durchaus ersetzen können.

Kalte und heiße Nahrungsmittel sollten grundsätzlich nur in kleinen Mengen genossen werden; insbesondere heiße Nahrungsmittel wie etwa Cayennepfeffer sollten nur schwach dosiert zum Einsatz kommen.

Im Winter rücken schon aufgrund des jahreszeitlichen Angebotes neutrale und warme Gemüsesorten in den Vordergrund. Auch neutrale und warme Fleischsorten sowie erwärmende Gewürze spielen jetzt eine große Rolle. Auf kalte Nahrungsmittel (mit Ausnahme von Meeresalgen) kann man nun getrost verzichten.

Ebenso wie zu jeder anderen Jahreszeit sind im Sommer gekochte neutrale, warme und erfrischende Nahrungsmittel wohltuend und bekömmlich. Lediglich ein Übermaß an erfrischenden und kalten Speisen ist nicht empfehlenswert. Darüber hinaus gibt es im Sommer ein reichhaltiges Angebot an erfrischenden Gemüsesorten, Salaten und Kräutern, die Fleisch und Hülsenfrüchte teilweise ersetzen können.

    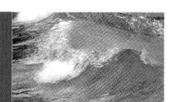

Geschmackliche Wirkungen

Unsere Ernährung sollte – ganz gleich, nach welcher regionalen Küche sie zubereitet wird – unsere Organe mit all ihren Funktionen unterstützen und mit den für sie wichtigen Stoffen versorgen. Tatsächlich spiegelt sich dies bei näherem Hinsehen in den traditionellen Ernährungsgewohnheiten aller Kulturen wieder. Überall trägt man Sorge dafür, dass alle fünf Geschmacksrichtungen (süß, sauer, salzig, scharf und bitter) in den Speisen präsent sind. So versetzt man den Organismus in die Lage, aus diesem Grundangebot alles zu wählen, was er braucht.

Mild-süße Nahrungsmittel sollten den Hauptteil unserer Ernährung ausmachen, da sie eine nährende Qualität haben. Das Saure, Bittere, Scharfe und Salzige dient, jedes auf seine Weise, der Umwandlung der Nahrungsenergie; diese Nahrungsmittel sind gewissermaßen Botschafter für die Organe. Dass die entsprechenden Nahrungsmittel hochwertig und natürlich sein sollten, liegt auf der Hand. Auf Hightech-Suppen aus der Tüte sollten Sie also besser verzichten.

Sauer

Diese Geschmacksrichtung bewahrt die Säfte, befestigt und zieht zusammen – so wie etwa eine Zitrone zusammenzieht; sie bewahrt die Flüssigkeiten im Körper und kann im Sommer vor zu viel Schwitzen schützen. Im Übermaß genossen, können saure Nahrungsmittel jedoch zu einer Stagnation des Blut- und Energieflusses führen.
Der Geschmack sauer wird dem Holzelement zugeordnet und ist Botschafter für die Leber und die Gallenblase.

Bitter

Die Wirkungen dieser Geschmacksrichtung sind abführend, austrocknend und entzündungshemmend. Chicorée beispielsweise führt nach unten ab, er regt den Stuhlgang sowie die Urinausscheidung an und trocknet aus. Dies kann man sich auch im Sommer zunutze machen, um aufsteigende Hitze nach unten zu führen.
Der Geschmack bitter wird dem Feuerelement zugeordnet und ist Botschafter für Herz und Dünndarm.

Süß

Dieser Geschmack regt an, harmonisiert, befeuchtet und entspannt; er sollte 60 bis 70 Prozent unserer Ernährung ausmachen. Zu beachten ist jedoch, dass süße Nahrungsmittel befeuchten. Am stärksten trifft dies auf Kuhmilchprodukte, kurzkettige Kohlenhydrate (Weißbrot, Süßigkeiten, Pasta) und Bananen zu. Sie liefern zwar kurzfristig Energie, der stark befeuchtende Charakter blockiert jedoch die Verdauung und kann beispielsweise Müdigkeit verursachen. Besser geeignet sind Getreide oder Karotten; sie liefern nachhaltige Energie.

Der Geschmack süß wird dem Erdelement zugeordnet und ist Botschafter für Milz und Magen.

Scharf

Diese Geschmacksrichtung öffnet und verteilt, sie löst Stagnationen auf und wirkt schweißtreibend. Gewürze wie beispielsweise die Muskatnuss zeichnen sich durch solche Wirkungen aus; sie werden gerne im Herbst eingesetzt, um das Immunsystem zu unterstützen.

Der Geschmack scharf wird dem Metallelement zugeordnet und ist Botschafter für Lunge und Dickdarm.

Salzig

Diese Geschmacksrichtung weicht auf, führt ab und wirkt ebenfalls Stagnationen entgegen. Aufgrund dieser Wirkungen werden z. B. Meeresalgen in vielen asiatischen Ländern zur Vorbeugung und Behandlung verschiedener Erkrankungen, etwa der Arteriosklerose, eingesetzt. Zu viel Kochsalz andererseits trocknet den Körper aus.

Der salzige Geschmack wird dem Wasserelement zugeordnet und ist Botschafter für Nieren und Harnblase.

Die Organuhr

Die Chinesen haben herausgefunden, dass nicht alle Organe zu jeder Zeit gleich stark arbeiten. Diese Rhythmik lässt sich als Organuhr darstellen, in der jedes der zwölf Organe zwei Stunden lang besonders aktiv ist und seine Aufgaben besonders gut erfüllt. Je weiter die Zeit von diesen zwei Stunden entfernt ist, desto schwächer arbeitet das entsprechende Organ; die »Negativzeit« jedes Organs ist also zwölf Stunden nach seiner stärksten Phase. Da jedes Organ bestimmte Aufgaben zu erledigen hat, ergibt sich aus der Organuhr ein für den Körper günstiger und effektiver Tagesablauf.

5 Uhr bis 7 Uhr – Dickdarm/Ausscheidung

Nun hat der Dickdarm seine aktive Phase. Man sollte ihn allerdings nicht immer mit Kaffee anregen – ein Glas abgekochtes Wasser aktiviert die Darmperistaltik ebenfalls gut.

7 Uhr bis 9 Uhr – Magen/Aufschlüsseln, Fermentieren

Der nun aktive Magen verträgt nährstoffreiche Nahrung. In China ähnelt das Frühstück deshalb unserem Mittagessen, und auch bei uns heißt es: »Frühstücken wie ein Kaiser«.

9 Uhr bis 11 Uhr – Milz/Transformation, Umwandlung

Wenn die Milz als »Chef« über alle Verdauungsorgane aktiv wird, muss auch etwas da sein, das verstoffwechselt werden kann. Wer nicht gut gefrühstückt hat, fällt ins berüchtigte »11-Uhr-Loch«. Die Milzzeit eignet sich gut für Arbeiten, die Konzentration erfordern.

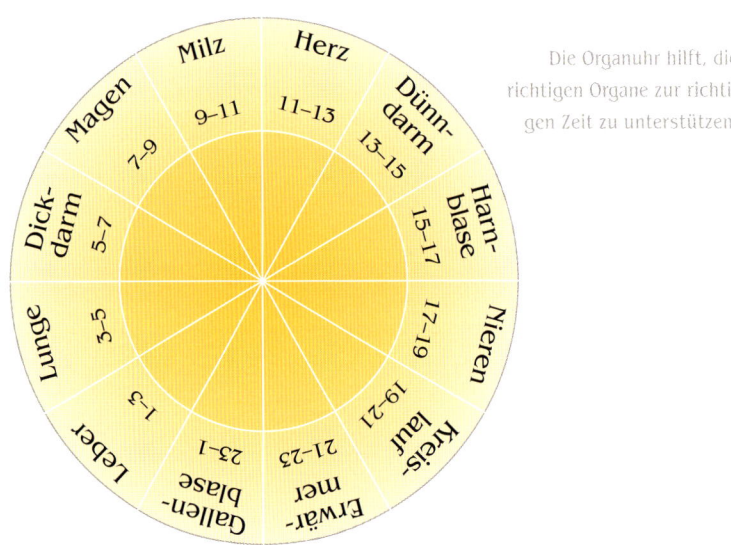

Die Organuhr hilft, die richtigen Organe zur richtigen Zeit zu unterstützen.

11 Uhr bis 13 Uhr – Herz/Kommunikation, Geselligkeit

Nun ist das Herz aktiv, und es ist die Zeit für ein Mittagessen in Gesellschaft, durchaus auch für ein Geschäftsessen. Und für die Qualität der Mahlzeit gilt: »zu Mittag essen wie ein König«.

13 Uhr bis 15 Uhr – Dünndarm/Resorption

Der Dünndarm hat die Aufgabe, die Nährstoffe, die vom Magen aufgeschlüsselt und von der Milz transformiert wurden, in den Körper aufzunehmen. Erst dann werden aus den körperfremden körpereigene Stoffe, die weiter verarbeitet werden. Dies ist die Zeit, um kurz die Beine hochzulegen. Nun kann das Blut in die Leber zurückkehren und sich revitalisieren. Die Leber befindet sich hier gerade in ihrer »Negativzeit«.

15 Uhr bis 17 Uhr – Harnblase/Ausscheidung

Die englische Sitte der Tea Time ist durchaus sinnvoll: Nun kann die Blase durchgespült und die Lunge mit etwas Gebäck oder Kuchen tonisiert und befeuchtet werden. Denn Letztere befindet sich gerade in ihrer »Negativzeit«.

17 Uhr bis 19 Uhr – Nieren/Ausleitung

Wenn es heißt: »zu Abend essen wie ein Bettler«, meint dies eine leichte Abendmahlzeit. Auch etwas für die Seele darf dabei sein, z. B. ein Glas Wein.

19 Uhr bis 23 Uhr – Kreislauf und Dreifacher Erwärmer

Die meisten Ernährungsrichtlinien empfehlen, ab 19 Uhr nichts mehr zu essen. Dies ist auch sinnvoll, denn in dieser Zeit haben die Verdauungsorgane ihre »Negativzeit«. Nahrung kann nun sehr schlecht aufgeschlüsselt, transformiert und resorbiert werden, sie bleibt unverdaut in den Verdauungsorganen liegen, blockiert den Stoffwechsel und schädigt die Verdauungskraft. Die Folgen: Gewichtszunahme und fehlender Hunger am Morgen.

23 Uhr bis 1 Uhr – Gallenblase/Regeneration

Spätestens nun sollte man zu Bett gehen. Der Körper wechselt von Aktion in Regeneration, er beginnt, Körperflüssigkeiten und Blut zu regenerieren. Dabei wird die über den Tag aufgenommene Nahrung genutzt.

1 Uhr bis 3 Uhr – Leber/Regeneration

Die Regeneration geht weiter. In dieser Zeit wird vor allem das Blut aufgebaut, der Körper wird entgiftet.

3 Uhr bis 5 Uhr – Lunge/Regeneration

Nun verteilt die Lunge die Energie im Körper, das Immunsystem wird gestärkt und für den Tag vorbereitet. Die Energien gelangen wieder an die Oberfläche.

    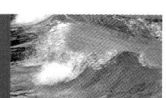

Die Ernährung der Mitte

Die Ernährung der Mitte ist thermisch und geschmacklich ausgewogen und für jeden Tag geeignet. Sie ist allgemein verträglich, stellt das Gleichgewicht des Körpers wieder her und erhält somit die Gesundheit. Dabei können erwärmende, neutrale und erfrischende Nahrungsmittel bunt gemischt werden, solange die Speisen in der Summe neutral sind. Nahrungsmittel aus den thermischen Gruppen »heiß« und »kalt« sollten selten verwendet werden, es sei denn, es ist beispielsweise gerade ein kalter Wintertag, an dem die erwärmende Tendenz stärker sein darf.

In einer Mahlzeit sollten alle fünf Geschmacksrichtungen enthalten sein; bei einem Menü besteht jedoch durchaus die Möglichkeit, geschmackliche Schwerpunkte zu setzen. Auch eine Aufteilung der fünf Geschmäcker (und damit der Fünf Elemente) über den Tag ist möglich – sie gewährleistet, dass alle Organe genährt werden und dass sie ihre Aufgaben im Körper erfüllen können. Grundsätzlich sollten mindestens ein bis zwei gekochte warme Gerichte zum Essen gehören. Im Winter kann es sogar sinnvoll sein, drei gekochte Gerichte zu verzehren. Auch im Sommer erfrischt man sich mit gekochten Mahlzeiten – dann aber aus Nahrungsmitteln, die überwiegend thermisch kühl auf den Körper wirken.

Insgesamt sollten nicht zu viele Milchprodukte, Brot oder Süßigkeiten auf dem Speiseplan stehen. Dabei ist nichts grundsätzlich »verboten«, letztlich entscheidet das richtige Maß. Bevorzugen Sie heimische Produkte, die der Jahreszeit entsprechen. Als Getränke empfehlen sich Tees, auch Kräutertees. Probieren Sie es zudem einmal mit warmem oder kaltem abgekochtem Wasser; wenn Sie Mineralwasser bevorzugen, sollte dies keine Kohlensäure enthalten. Fruchtsäfte sollten Sie – wie Kaffee und natürlich Alkohol – ebenfalls nur in geringen Mengen zu sich nehmen.

So erhalten Sie Ihre Verdauungskraft

- Probieren Sie Neues, doch essen Sie nichts, was Ihnen nicht schmeckt bzw. nicht bekommt. Jeder Mensch reagiert anders.
- Probieren Sie warme Mahlzeiten als Frühstück. Sie spenden Kraft und Wärme für den Vormittag, stärken die Verdauungskraft und helfen beim Ab-

nehmen. Geeignet sind Speisen aus Getreide (z. B. süße oder salzige Hirse oder Polenta) sowie Suppen mit Hülsenfrüchten oder Gemüse. Aromatische Kräuter und Gewürze helfen bei der Verdauung.

- Gekochte Speisen sind für die meisten Menschen bekömmlicher. Erst durch das Kochen entfalten die Nahrungsmittel ihre Wirk- und Nährstoffe. Vitamine, die beim Kochen verloren gehen, sind auch in Salat und frischen Kräutern enthalten.

- Produkte und Gerichte aus vollem Korn, etwa Vollkornbrot, sind zwar sehr gesund, aber nicht leicht verdaulich. In China werden deshalb im ganzen Korn gekochte Mahlzeiten lange gegart und mit verdauungsfördernden Kräutern serviert. Leichter zu verdauen sind aus Vollkorn hergestellter Grieß oder geschrotetes Getreide. Brot ist bekömmlicher, wenn es schon etwas trocken ist oder getoastet wurde.

- Zu viele Milchprodukte schwächen die Verdauungskraft und verhindern eine gute Resorption. Und ist die Verdauungskraft geschwächt, steigt der Appetit nach Süßem. Gute Eiweißlieferanten sind Hülsenfrüchte; sie sollten ausreichend gekocht sein und mit verdauungsstärkenden Gewürzen wie Ingwer und Kümmel verfeinert werden.

- Brühen aus Fleisch und Knochen sind wahre Tonika für den Körper. Sie können auch auf Vorrat produziert werden.

- Sparen Sie Kochsalz, indem Sie kleine Mengen Meeresalgen in die Suppe geben. Sie sollten den Geschmack allerdings nicht dominieren.

- Eiskalte Getränke und Speisen schwächen (kühlen) die Verdauungskraft; die Nahrungsmittel können so schwerer aufgenommen und verarbeitet werden. Um die Verdauungskraft zu stärken, können Tees aus Kümmel, Fenchel, Ingwer, Sternanis oder Kardamom getrunken werden.

- Kurzkettige Kohlenhydrate, wie sie in Süßigkeiten, Brot und Kuchen enthalten sind, schwächen die Verdauung. Eine Folge ist die Gewichtszunahme. Deshalb sollten diese Kohlenhydrate – ebenso wie Fette – nur selten auf dem Speiseplan auftauchen. Achten Sie bei Ölen auf die Qualität.

- Obst kann roh in kleinen Mengen gegessen werden. Es ist jedoch bekömmlicher, wenn es als Kompott mit Zimt, Koriander, Kardamom, frischem Ingwer oder Vanille zubereitet wird.

- Gewürze und frische Kräuter erhöhen die Bekömmlichkeit und dienen dem Geschmack. Scharfe Gewürze stärken die Immunabwehr, sollten aber dennoch nur in Maßen genossen werden. Ein Tipp: Wenn Sie beim Verzehr leicht schwitzen, ist das Gewürz richtig dosiert!

    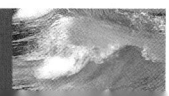

木 火 土 金 水

Der Frühling

Dem Frühling werden die Organe Leber und Gallenblase zugeordnet, der dazugehörige Geschmack ist sauer.

In den Wintermonaten wurden überwiegend thermisch warme Gerichte, oftmals mit Fleisch, verzehrt; dies hinterlässt im Körper eine feuchte Hitze, die im Frühjahr ausgeleitet werden sollte.

Viele Kulturen sehen für diese Jahreszeit eine Fastenkur vor. Im westlichen Kulturkreis beispielsweise wird traditionell von Aschermittwoch bis Ostern gefastet. Dabei ist es gar nicht nötig, gleich eine Radikalkur zu machen – es genügt, die richtigen Nahrungsmittel zu nutzen, die dasselbe bewirken, darüber hinaus aber die Verdauungskraft aufrechterhalten. Zu diesen Nahrungsmitteln gehören Spargel, Artischocke, Sellerie und Sprossen.

Da Fleisch und Frittiertes feuchte Hitze produzieren, sollte darauf nun weitgehend verzichtet werden. Ein wenig Rind oder Geflügel darf durchaus auf dem Speiseplan auftauchen, da sich beides gut für den Blutaufbau eignet. Kombinationen aus Getreide und grünem Gemüse sind meist kühlend, deshalb sollten Rohkost und Milchprodukte nur in Maßen gegessen werden.

Die Rezepte für das Frühjahr können Sie gut mit den Rezepten für die Ernährung der Mitte (siehe S. 87ff.) ergänzen und kombinieren.

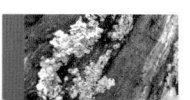    

Sprossensalat mit Mango und Tofu

Zutaten für 4 Personen

1/2 Mango

100 g Tofu

1 kleine Dose Bambus-
sprossen

150 g Sojasprossen

50 g Rettichkeimlinge

30 g Zwiebelkeimlinge

20 g eingelegter Ingwer
(mittelscharf oder mild)

1 EL Sherryessig

3 EL reduzierte Geflügel-,
Rind- oder Gemüsebrühe

Salz, Pfeffer

Zubereitungszeit:

5 bis 10 Minuten

Zubereitung

1 | Die Mango schälen, das Fruchtfleisch und den Tofu in Würfel schneiden. Die Bambussprossen in kleinere Stücke schneiden und alles mit den übrigen Zutaten in einer Schüssel gut vermischen.

2 | Essig, Brühe, Salz und Pfeffer zu einem Dressing verrühren und über den Sprossensalat geben.

Beurteilung nach TCM

Das Gericht ist thermisch erfrischend bis kalt, der Ingwer gleicht dies etwas aus. Dieser Salat eignet sich gut für das Frühjahr, da er entgiftet und feuchte Hitze ausleitet. Aufgrund seiner erfrischenden bis kalten Wirkung sollte er nicht zu oft gegessen und am besten mit thermisch warmen und neutralen Gerichten kombiniert werden.

Frühling – die Zeit,
wieder hinaus zu gehen.
Das Leben unter freiem
Himmel blüht wieder auf,
die Natur erwacht.

木 火 土 金 水

Dinkelsalat mit Äpfeln oder Birnen

Zubereitung

1|Den Dinkel mit der Gemüsebrühe (etwas für das Dressing aufbewahren) aufsetzen und bei mittlerer Hitze 30 bis 40 Minuten köcheln lassen. In der Zwischenzeit die Schalotten abziehen und fein hacken. Mit restlicher Gemüsebrühe, Essig, Olivenöl, Senf, Salz, Pfeffer und Anis zu einem Dressing verquirlen. Den Dinkel abgießen und abkühlen lassen.

2|Birnen oder Äpfel waschen, halbieren, Strunk entfernen und das Fruchtfleisch in hauchdünne Scheiben schneiden. Fenchel waschen und halbieren. Fenchel und Käse ebenfalls in feine Scheiben schneiden. Dressing darüber geben und alles gut vermischen.

3|Den Blattsalat waschen, in mundgerechte Stücke zupfen und dekorativ auf vier Teller verteilen. Den lauwarmen Dinkel zum Birnen-Fenchel-Käse-Salat geben, gut vermischen, abschmecken und ebenfalls auf den Tellern anrichten.

Zutaten für 4 Personen

150 g Dinkel
400 ml Gemüsebrühe
4 Schalotten
2 EL Balsamicoessig
6 EL Olivenöl
1 TL Senf
Salz, Pfeffer
1 Prise gemahlener Anis
2 Birnen oder Äpfel
2 kleine Fenchelknollen
   oder eine große
100 g Hartkäse
   (Comté oder Parmesan)
1 Kopf Eichblattsalat
   oder Salat der Saison

Zubereitungszeit:
40 Minuten

Beurteilung nach TCM

Dinkel ist kühlend, befeuchtet das Yin und ergänzt die Körperflüssigkeiten; er eignet sich auch gut für Frauen in den Wechseljahren. Warme Gewürze und Fenchel gleichen die kühlende Wirkung des Dinkels und des Salates aus. Die Verdauung wird gestützt.

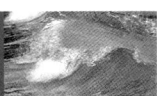

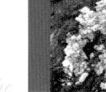

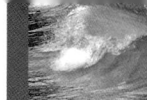

Spargel in der Folie gegart

Zutaten für 4 Personen

2 große Kartoffeln
   (oder 4 kleine)
2 Tomaten
6–8 Shiitakepilze
2 EL Olivenöl
1–1,5 kg geschälter
   weißer Spargel
Salz, Pfeffer

Zubereitungszeit:
10 Minuten
Garzeit: 20–30 Minuten

Zubereitung

1 | Kartoffeln schälen, Tomaten waschen. Beides in Scheiben schneiden, dabei die Stielansätze der Tomaten entfernen. Die Shiitakepilze in Streifen schneiden. Auf vier Stück Alufolie (35 x 20 cm) jeweils etwas Olivenöl geben, die Kartoffelscheiben darauf legen. Diese wiederum mit Tomatenscheiben, dem Spargel und den Shiitakepilzen belegen, salzen und pfeffern. Nach Belieben können noch frische Kräuter der Saison hinzugefügt werden.

2 | Die Alufolie oben zusammenfalten und gut verschließen. Im vorgeheizten Backofen bei 160–180 °C (Gas Stufe 2–3) etwa 20 bis 30 Minuten garen.

Tipp

Dieses Gericht kann auch in einem Bananenblatt sowie mit anderem Gemüse zubereitet und auch gegrillt werden.

Beurteilung nach TCM

Die thermische Wirkung ist kühlend. Durch den Spargel bekommt das Gericht eine entgiftende Wirkung, die Harnausscheidung wird angeregt. Es hilft auch gegen Bluthochdruck.

木 火 土 金 水

Im Frühling schenkt uns die Natur nach einer Zeit der Ruhe wieder ihre Früchte.

Spargelcremesuppe

Zubereitung

1 | Den Spargel schälen. Die Spargelspitzen auf etwa 3 Zentimeter Länge abschneiden, in eine Kasserolle geben und mit etwas Wasser, Butter und Salz 10 Minuten garen. Die Spargelspitzen herausnehmen und beiseite stellen. Das Spargelwasser aufbewahren.

2 | Die Schalotten abziehen und in feine Scheiben schneiden. Den Lauch halbieren, waschen und mit den Spargelstangen in 0,5 bis 1 Zentimeter breite Stücke schneiden. Schalotten und Lauch in der Kasserolle in der restlichen Butter glasig anschwitzen, die Spargelscheiben dazugeben, mit dem Spargelwasser ablöschen und mit der Brühe auffüllen. Mit Salz, Pfeffer und etwas Muskatnuss würzen. Rund 30 Minuten kochen lassen.

3 | Anschließend fein pürieren und in die Kasserolle zurückgießen. Die Sahne hinzufügen, weitere 2 bis 3 Minuten köcheln lassen, abschmecken. Mit den Spargelspitzen und nach Belieben mit Kerbel und kleinen Brotcroûtons garnieren.

Zutaten für 4 Personen

1 kg weißer Spargel
2 EL Butter
Salz
1–2 Schalotten
1 kleine Stange Lauch
1,5 l Brühe
Pfeffer
Muskatnuss
100 g Sahne

Zubereitungszeit:
15 Minuten
Garzeit: 30 Minuten

Beurteilung nach TCM

Spargel kann bei trockenem Husten die Lunge befeuchten, regt die Harnausscheidung an und entgiftet. Positive Feuchtigkeit wird genährt, negative Feuchtigkeit über den Harn ausgeschieden.

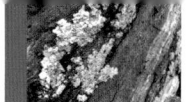

Zutaten für 4 Personen

4 große Artischocken

50 g Butter

Salz, Pfeffer

1 Chicoréestaude

1 Tomate

2 Schalotten

1/2 kleine Knoblauchzehe

2 Stängel Petersilie oder
  Kerbel

1 EL Olivenöl

Geriebene Muskatnuss

2–3 Eigelb (je nach Größe)

4 EL reduzierter Geflügel-
  oder Kräuterfond

1 TL Sherryessig

Zubereitungszeit:
40 Minuten

Zubereitung

1 | Die grünen Blätter der Artischocken mit einem scharfen Messer entfernen, sodass das zartgrüne, weiße Fleisch sichtbar ist. Die Butter in eine Kasserolle geben, die Artischocken hinzufügen, mit Salz und Pfeffer leicht würzen und bei geschlossenem Deckel etwa 20 bis 30 Minuten langsam beidseitig garen. Zur Hälfte der Garzeit können 1 bis 2 Esslöffel Wasser dazugegeben werden. Am Ende der Garzeit die Artischocken herausnehmen, auf ein Schneidebrett legen und leicht auskühlen lassen. Das Heu entfernen und den Artischockenboden in 8 bis 10 Ecken schneiden. Die Artischockenecken kreisförmig auf einen Teller legen.

2 | Den Chicorée waschen, in Blätter zerteilen, diese in längliche Streifen schneiden. Die Tomate häuten, entkernen und in kleine Würfel schneiden. Schalotten und Knoblauch abziehen, Schalotten hacken, Knoblauch in Scheibchen schneiden. Die Petersilie oder den Kerbel waschen und trockenschütteln, die Blättchen von den Stängeln zupfen und grob hacken. Das Olivenöl in eine Kasserolle geben, Schalotten und Knoblauch darin glasig anschwitzen, die Chicoréestreifen dazugeben und mit Salz und Pfeffer würzen. Etwa 3 Minuten köcheln lassen, Tomatenwürfel und Petersilie hineingeben und mit Salz, Pfeffer und Muskatnuss abschmecken.

3 | Das Eigelb bei mittlerer Hitze im Geflügel- oder Kräuterfond zu einem schaumigen Sabayon aufschlagen, mit Salz, Pfeffer und Sherryessig abschmecken, über die Artischockenecken geben und auf dem Teller unter dem Grill leicht gratinieren. In die Mitte des Tellers 1 Esslöffel Chicoréegemüse geben und sofort servieren.

Beurteilung nach TCM

Artischocken leiten feuchte Hitze vor allem aus der Gallenblase aus. Die Meridiane und Herzkranzgefäße werden frei. Pfeffer und Muskatnuss gleichen die thermisch kalten Zutaten aus und bewahren dadurch die Verdauungskraft.

Artischockengratin

Artischocken einmal
anders: Das Frühlingsge-
richt ist durch ausreichend
Pfeffer und Muskatnuss
thermisch ausgeglichen.

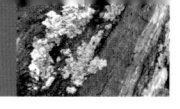

Panierte Selleriescheiben mit Tomatenkompott

Zutaten für 4 Personen

1 Sellerieknolle
1/2 Zitrone
Salz
2 Eier
Pfeffer
4 EL Mehl
2 EL Butterschmalz oder Öl

Für das Tomatenkompott:

2 Schalotten oder 1 Zwiebel
1 EL Olivenöl
6–8 reife Tomaten
Salz, Pfeffer
1 Prise Zucker
1 Messerspitze Curry
Etwas gemahlenen Thymian,
    Rosmarin, Lorbeer und
    Nelke

Zubereitungszeit:
30 Minuten

Zubereitung

1|Sellerie schälen und in etwa 1 Zentimeter dicke Scheiben schneiden. Mit der Zitrone einreiben. In leicht gesalzenem kochendem Wasser 5 bis 10 Minuten garen, auf einem Küchentuch abtropfen und erkalten lassen. Die Eier in einer Schüssel verquirlen, mit Salz und Pfeffer würzen. Die Selleriescheiben im Mehl, anschließend im Ei wenden und sorgfältig panieren. Butterschmalz oder Öl in eine Pfanne geben und die Selleriescheiben von beiden Seiten goldbraun darin anbraten.

2|Für das Tomatenpüree die Schalotten abziehen, in kleine Stücke schneiden und in Olivenöl glasig anschwitzen. Die Tomaten waschen, in grobe Stücke schneiden, dabei die Stielansätze entfernen. Die Tomatenstücke zu den Schalotten geben, mit Salz, Pfeffer, Zucker, Curry, Thymian, Rosmarin, Lorbeer und Nelkenpulver würzen. Alles 10 bis 15 Minuten bei schwacher Hitze leicht köcheln lassen. Mit dem Stabmixer fein pürieren, durch ein Spitzsieb passieren und nach Belieben mit frischen Kräutern verfeinern.

3|Das Tomatenpüree an die gebratenen Selleriescheiben geben und mit einem Chicoréesalat servieren.

Beurteilung nach TCM

Das Gericht ist thermisch neutral: Der erfrischende Sellerie wird durch das warme Tomatenpüree ausgeglichen. Sellerie nährt Leber-Yin (Substanz), kontrolliert Leber-Yang (Energie/Wärme), regt die Harnausscheidung an, fördert die Darmpassage, senkt Bluthochdruck und leitet feuchte Hitze aus Magen, Dick- und Dünndarm.

木 火 土 金 水

Meeresalgeneintopf

Zubereitung

1|Kartoffeln schälen und in kleine, etwa 0,5 Zentimeter große Würfel schneiden. Zwiebeln abziehen, Ingwer schälen und beides ebenfalls in kleine Würfel schneiden. Die Zwiebeln in dem Olivenöl glasig anschwitzen, Kartoffeln und Blumenkohl dazugeben. Kurkuma, Kümmel, Koriander, Ingwer und Brühe hinzufügen, mit Salz und Pfeffer leicht würzen. Die Brühe sollte nicht zu stark gesalzen werden, da die Algen einen sehr kräftigen Eigengeschmack haben. Bei mittlerer Hitze 40 Minuten kochen lassen, 5 Minuten vor Ende der Garzeit die Algen dazugeben.

2|Nach Belieben kann man den Eintopf vor dem Servieren noch mit 100 Gramm Crème fraîche verfeinern.

Tipp

Das Gemüse kann auch püriert (die Algen nicht mixen!) und an heißen Tagen kalt serviert werden, die Algen sind roh ebenfalls essbar. Passe-Pierre-Algen können auch als Salat genossen werden, die Saison beginnt im April und dauert bis Ende Juni. Ansonsten bekommen Sie sie im Asiahandel oder in Feinkostgeschäften in Essig eingelegt.

Zutaten für 4 Personen

350 g Kartoffeln
4 kleine oder
   2 große Zwiebeln
50 g frischer Ingwer
1 EL Olivenöl
350 g kleine Blumenkohl-
   röschen
1 TL Kurkuma
1 TL Kümmelpulver
2 TL Korianderpulver
1 l Geflügelbrühe
Salz, Pfeffer
200 g Passe-Pierre-Algen
   (Salicorne) oder andere
   Algen, z. B. Laitue de la Mer

Zubereitungszeit:
15 bis 20 Minuten

Beurteilung nach TCM

Das Gericht ist leicht kühlend und kann feuchte Hitze ausleiten. Kümmel, Koriander und frischer Ingwer bewahren die Verdauungskraft. Algen können Verhärtungen im Körper lösen (z. B. Lymphstauungen) und eignen sich auch bei der Krebstherapie sowie bei Wechseljahrebeschwerden.

    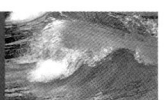

Falls Sie Ebly nicht bekommen, können Sie die Weizenkörner auch durch Reis, Bulgur oder Graupen ersetzen, was ebenfalls gut zu diesem köstlichen Fischgericht passt.

木　火　土　金　水

Chicoréegemüse mit Ebly und Fisch

Zutaten für 4 Personen

120 g Weizenkörner (Ebly)

Salz

2 Chicoréestauden

2 Schalotten

2 Tomaten

1 EL Olivenöl

Pfeffer

10 ml Brühe

8 Zweige Kerbel

Für den Fisch:

2 Zweige Thymian

600–800 g Fischfilet
  (Seeteufel oder Kaiserfisch)

1 EL Olivenöl

Salz, Pfeffer

Zubereitungszeit:

50 Minuten

Zubereitung

1|Ebly in leicht gesalzenem Wasser in 10 bis 15 Minuten gar kochen und durch ein Sieb passieren. Den Chicorée waschen, in Blätter zerteilen und diese in Streifen schneiden. Die Schalotten abziehen und fein hacken. Die Tomaten häuten, entkernen und in große Würfel schneiden. Das Olivenöl in eine Kasserolle geben, die Schalotten leicht darin andünsten, Chicorée und Tomaten dazugeben, mit Salz und Pfeffer würzen, Brühe hinzufügen und alles etwa 2 bis 3 Minuten bei geschlossenem Deckel dämpfen. Ebly zugeben und weitere 10 Minuten dämpfen. Den Kerbel waschen, trockenschütteln, die Blättchen von den Stängeln zupfen und unterheben. Mit Salz und Pfeffer abschmecken.

2|Thymian waschen und trockenschütteln, die Blättchen von den Zweigen streifen. Den Fisch in vier Portionen teilen, auf ein leicht geöltes Blech legen, mit Salz und Pfeffer würzen, mit Olivenöl beträufeln und mit Thymian bestreuen. Im vorgeheizten Backofen bei 180 bis 200 °C (Gas Stufe 3–4) etwa 3 Minuten garen.

3|Gemüse und Fisch auf Tellern anrichten. Dazu passt der Gemüsefond oder eine feine Fischsauce.

Beurteilung nach TCM

Weizen ist befeuchtend, was der Thymian etwas ausgleicht. Die Kombination von Fisch und Weizen passt sehr gut zusammen: »Wasser-Fisch« füttert »Holz-Weizen«.

    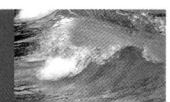

Ente à l'orange

Zutaten für 4 Personen

1 küchenfertige Ente
Salz, Pfeffer
1–2 Zwiebeln
2 unbehandelte Orangen
1 unbehandelte Zitrone
200 ml Kalbsfond oder Wasser
100 ml trockener Weißwein
1 Zweig Thymian
2 Lorbeerblätter
8 zerstoßene Pfefferkörner
1 kleines Stück Zimtstange
1 Zweig Petersilie
1–2 EL Zucker
60 ml Portwein

Zubereitungszeit:
45 bis 75 Minuten
  (je nach Größe der Ente)

Zubereitung

1|Die küchenfertige Ente mit reichlich Salz und Pfeffer würzen. In einer Bratpfanne ohne Öl beidseitig goldbraun anbraten und in den auf 200 °C (Gas Stufe 3–4) vorgeheizten Ofen schieben. Die Zwiebeln abziehen und in Stücke schneiden. Die Schale einer Orange und einer halben Zitrone mit dem Zestenreißer in feine Streifen schneiden, mit etwas Wasser kurz aufkochen, in ein Sieb geben und beiseite stellen. Die andere Orange und die zweite Zitronenhälfte auspressen, den Saft ebenfalls beiseite stellen.

2|Nach etwa 30 Minuten Garzeit Fett von der Ente abschöpfen, die Zwiebeln zur Ente geben und weiter braten lassen. Sobald die Zwiebeln leicht bräunlich werden, mit dem Weißwein ablöschen, Fond, Thymian, Lorbeer, Pfeffer, Zimt und Petersilienzweig dazugeben und weiter schmoren lassen. Am Ende der Garzeit die Ente herausnehmen, auf eine Platte legen und mit Alufolie bedecken. Den Jus noch etwa 15 Minuten weiterköcheln lassen und anschließend durch ein Sieb passieren. Die Sauce bei Bedarf mit etwas Mehlbutter binden.

3|Für die Orangensauce (»Biguarade«) 1 bis 2 Esslöffel Entenfett in eine Kasserolle geben und den Zucker langsam darin karamellisieren lassen. Orangen- und Zitronensaft, Portwein und Entenjus angießen und 5 bis 10 Minuten köcheln lassen. Die Zesten dazugeben. Mit Salz und Pfeffer abschmecken.

4|Die Ente in 4 Portionen zerteilen, bei Bedarf im Ofen aufwärmen und mit der Orangensauce servieren.

Beurteilung nach TCM

Die Ente nährt Nieren-, Lungen- und Leber-Yin (Substanz) und kontrolliert aufsteigendes Leber-Yang (Wärme/Energie). Die Orange unterstützt die Ente in ihrer nährenden Qualität. Reis und Blattsalat mit Mandeln runden das Gericht ab.

»Ente à l'orange« – ein Klassiker, der unter den Gesichtspunkten der TCM ganz neue Qualitäten bekommt.

Der Sommer

Dem Sommer werden Herz und Dünndarm zugeordnet. Der zugehörige Geschmack ist bitter.

Im Sommer wirkt Hitze auf uns ein, die das Herz schnell aus dem Gleichgewicht bringen kann. Dies kann zu Unruhe und Schlaflosigkeit führen. Um dem entgegenzuwirken, müssen wir kühlen – jedoch schaffen Eiscreme und eisgekühlte Getränke nur kurzfristig Abhilfe und schwächen zudem noch die Verdauungskraft.

Besser geeignet sind Blattsalate, da sie durch ihren bitteren Geschmack gezielt das Herz schützen können. Doch auch diese thermisch kalten Salate sollten mit thermisch warmen und vor allem gekochten Speisen kombiniert werden. Eine Möglichkeit ist es beispielsweise, aus gekochtem Gemüse Salate zuzubereiten. Auch Pilze und Sprossen bieten sich als Zutaten an. Auf einen zu großen Fleischkonsum sollten Sie jetzt verzichten; einen guten Ersatz stellen Gemüse – in Alufolie gegrillt, kräftig gewürzt und mit einem Schuss Weißwein verfeinert – oder gegrillter Schafskäse dar. Zur Kombination und Abwechslung eignen sich die Gerichte der Mitte (siehe S. 87ff.).

Gebackener Ziegenkäse auf Friséesalat

Zutaten für 4 Personen

50 g magerer Räucherspeck

4 Scheiben Toastbrot

1–2 Eier

4 kleine Ziegenkäse,
 nicht zu trocken

2 EL Mehl

50 g Semmelbrösel

20 g Pinienkerne

6 EL Olivenöl

1 EL Balsamicoessig

1 EL Senf mit ganzen Körnern

150 g Joghurt

Salz, Pfeffer

1 Kopf gelber Friséesalat

Zubereitungszeit:
20 Minuten

Zubereitung

1|Speck würfeln und in einer Pfanne kross braten. Brot würfeln und auf einem Blech im Ofen bei 180–200 °C (Gas Stufe 3–4) anbräunen lassen.

2|Das Ei aufschlagen. Den Käse zunächst im Mehl, dann in dem Ei und zum Schluss in den Semmelbröseln wenden. 5 bis 6 Minuten bei 120 °C (Gas Stufe 1) in den Ofen geben. Der panierte Käse zerläuft nicht, nur das Innere wird weich und schmilzt. Die Pinienkerne in einer Pfanne ohne Fett leicht anrösten.

3|Aus Öl, Essig, Senf und Joghurt eine Vinaigrette rühren, salzen und pfeffern und in einer Kasserolle leicht erwärmen. Den Salat verlesen, waschen und trockenschütteln. Mit etwas Vinaigrette würzen und auf vier Teller verteilen. Die restliche Vinaigrette jeweils in die Mitte gießen, darauf den heißen Ziegenkäse legen. Den Salat mit den Speckcroûtons und den gerösteten Pinienkernen bestreut servieren.

Beurteilung nach TCM

Der Ziegenkäse wirkt erwärmend, er wird besser verdaut als thermisch kühlender Kuhmilchkäse und enthält weniger Cholesterin. Zusammen mit dem thermisch kühlenden Salat ergibt sich eine ausgewogene Mahlzeit.

Salat von Pfifferlingen

Zubereitung

1 | Für das Dressing alle Zutaten in eine Schüssel geben und gut verrühren.

2 | Für den Salat die Pfifferlingstiele von Erdresten befreien. Die Pfifferlinge mehrmals unter fließendem Wasser waschen, mit einem Tuch trockentupfen, auf ein Blech legen und im vorgeheizten Backofen bei 50 °C (Gas Stufe 1) etwa 30 Minuten antrocknen lassen.

3 | Schalotten und Knoblauch abziehen, Schalotten fein hacken, Knoblauch in feine Scheiben schneiden. Die Butter in einer Pfanne oder Kasserolle zerlassen, Schalotten und Knoblauch darin glasig anschwitzen. Die Pfifferlinge dazugeben, mit Salz und Pfeffer würzen und für 3 bis 5 Minuten sautieren.

4 | Den Salat waschen und trockenschleudern, auf vier Teller verteilen und mit Estragon, Fenchel und Kerbel bestreuen. Die Petersilie ebenfalls waschen und trockenschütteln, die Blätter von den Stängeln zupfen und hacken. Die warmen Pfifferlinge mit dem Balsamicoessig beträufeln, die Petersilie unterheben und mit dem Dressing auf den Salat geben. Die Blüten waschen und trockenschütteln und vor dem Servieren auf dem Salat anrichten.

Zutaten für 4 Personen

Für das Dressing:

100 ml Geflügel- oder
Gemüsefond oder
Tomatensaft
100 ml Olivenöl
50 ml Balsamicoessig
25 ml Wein oder Zitronensaft
1 EL Senf
Salz, Pfeffer

Für den Salat:

250–300 g Pfifferlinge
2–3 Schalotten
1/2 Knoblauchzehe
50 g Butter oder Olivenöl
Salz, Pfeffer
Salate der Saison
Etwas gehackter Estragon,
wilder Fenchel und Kerbel
4 Stängel Petersilie
3 EL Balsamicoessig
Verschiedene Blüten
(z. B. Rosen, Lavendel, Veilchen, Schlüsselblumen,
Löwenzahn, Zucchiniblüten)

Zubereitungszeit:
20 bis 30 Minuten

Beurteilung nach TCM

Die thermisch kühlenden Pilze stärken die Verdauungskraft, wandeln Feuchtigkeit um, die die Verdauung blockiert, und regen die Harnausscheidung an. Die Pilze und der Salat kühlen den Körper im heißen Sommer sehr gut von innen.

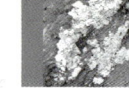

Gazpacho

Zutaten für 4 Personen

2 Schalotten

1 Knoblauchzehe

10–12 reife Tomaten

50 g Staudensellerie

1 kleine Karotte

1/2 rote Paprikaschote

3 Stängel Petersilie

Einige Basilikumblätter

Salz, Pfeffer

Zubereitungszeit:

15 Minuten

Zubereitung

1|Schalotten und Knoblauch abziehen und in feine Scheiben schneiden. Die Tomaten waschen, von den Stielansätzen befreien, entkernen und in kleine Stücke schneiden. Das restliche Gemüse ebenfalls waschen, putzen und klein schneiden. Die Petersilie waschen und trockenschütteln, die Blätter von den Stängeln zupfen.

2|Das vorbereitete Gemüse zusammen mit den Petersilie- und Basilikumblättern im Mixer fein pürieren. Durch ein Sieb passieren, mit Salz und Pfeffer abschmecken.

3|Mindestens 1 Stunde lang kalt stellen und nach Belieben mit gehackten Kräutern garniert servieren.

Beurteilung nach TCM

Obwohl die Suppe kühl gegessen wird, schädigt sie die Verdauungskraft nicht, da das Gemüse passiert und mit wärmenden Gewürzen kombiniert wird. Kochen setzt die Energien einzelner Nahrungsmittel allerdings besser frei, weshalb diese Suppe nicht zu oft gegessen werden sollte. Um die Verdauungskraft zu stärken, können Sie noch etwas frischen Ingwer hinzufügen.

Im Sommer wimmeln auch die asiatischen Wasserstraßen vor Geschäftigkeit.

木 火 土 金 水

Geflügelsalat mit Pinienkernen

Zubereitung

1 | Den Salat verlesen, waschen und abtropfen lassen. Geflügelfond, Öl, Balsamico- und Wein- oder Sherryessig sowie Salz und Pfeffer zu einem Dressing verrühren.

2 | Die Schalotten abziehen und fein hacken, die Poulardenbrüste salzen und pfeffern. Die Butter in einer Pfanne zerlassen, die Schalotten kurz darin andünsten und anschließend die Poulardenbrüste von beiden Seiten in 10 Minuten goldbraun braten. Die Poularden auf ein Schneidebrett legen und mit Alufolie bedecken. Das Fett aus der Pfanne gießen und das Dressing hineingeben. Gut verrühren, um den Bratansatz zu lösen. Die Pinienkerne in einer Pfanne ohne Fett leicht rösten.

3 | Den Salat auf vier Teller verteilen, Kerbel, Petersilie und Sellerieblätter darüber streuen. Die Poulardenbrüste in feine Scheiben schneiden, kreisförmig auf den Salat legen und das noch lauwarme Dressing darüber geben. Mit den Pinienkernen bestreut servieren.

Zutaten für 2 Personen
250 g Salate der Saison
(z. B. Frisée-, Kopf-,
Eichlaub- oder Feldsalat)
2 Schalotten
2 kleine Poulardenbrüste
Salz, Pfeffer
30 g Butter
50 g Pinienkerne
Etwas Kerbel
Einige Blatt Petersilie
Einige Staudenselledieblätter

Für das Dressing:
2 EL Geflügelfond
2 EL Öl
1 EL Balsamicoessig
1 TL Wein- oder Sherryessig
Salz, Pfeffer

Zubereitungszeit:
30 Minuten

Beurteilung nach TCM
Poulardenbrust stärkt die Energie, regt die Verdauung an und baut Blut auf. Die thermisch kühlenden Salate wirken ausgleichend auf die thermisch warme Poulardenbrust.

Wer Fischsuppe einmal etwas anders zubereiten möchte als die klassische
Bouillabaisse, kommt hier voll auf seine Kosten.

木 火 土 金 水

木 火 土 金 水

Fischsuppe

Zubereitung

1|Den Fisch sorgfältig schuppen, ausnehmen, waschen und in 3 bis 5 Zentimeter dicke Stücke schneiden. Den Lauch waschen und in Scheiben schneiden. Zwiebeln und Knoblauch abziehen und fein hacken. Die Tomaten schälen, von den Stielansätzen befreien, entkernen und zerdrücken. In einer Kasserolle Zwiebeln und Knoblauch in Olivenöl anschwitzen, Tomaten, Lauch, Kräuter, Safran und Orangenschale dazugeben.

2|Fischfilet mit festem Fleisch (z. B. Hummer, Seeaal, Seeteufel, Petersfisch) zuerst in die Kasserolle geben, sie benötigen mehr Garzeit. Salzen, pfeffern und Brühe oder Wasser angießen. 3 bis 4 Minuten bei geringer Hitze köcheln lassen, dann die Fische mit weicherem Fleisch zugeben. Nochmals 2 Minuten köcheln lassen. Die Fischstücke aus dem Topf nehmen und auf einer Servierplatte anrichten. Die Fischbrühe in eine Suppenschüssel gießen und sehr heiß servieren. Die Brotscheiben geröstet dazu reichen.

Tipp

Sie können entweder verschiedene Fischsorten verwenden oder auch nur eine – je nach Geschmack und Verfügbarkeit.

Zutaten für 6–8 Personen

3 kg Seefische
(Drachenkopf, Meeraal, Seeteufel, Dorade, Petersfisch, Meerbarbe)
1 Lauchstange
2 Zwiebeln
2 Knoblauchzehen
4 sehr reife Tomaten
4 EL Olivenöl
2 Zweige Thymian
1 Zweig wilder Fenchel
1 Lorbeerblatt
2 EL fein gehackte Petersilie
Einige Safranfäden
1 getrocknete Orangenschale
Salz, Pfeffer
3 l Fischbrühe (oder Wasser)
15 Scheiben Landbrot

Zubereitungszeit:
30 Minuten
Garzeit: ca. 15 Minuten

Beurteilung nach TCM

Verwenden Sie bevorzugt Meeresfisch, da dieser die Verdauungskraft stärkt. Frischer Fisch ist besser als tiefgefrorener. Fisch leitet Feuchtigkeit aus und entschlackt.

Gebratene Calamari à la provençale auf Risotto

Zutaten für 4 Personen

Für den Risotto:

200 g Rundkornreis

2 Messerspitzen gekörnte
Hühnerbrühe

2 EL Olivenöl

20 g grobes Meersalz

2 EL Sahne

Salz, Pfeffer

3 EL frisch geriebener
Parmesan

1 Schuss trockener Weißwein

1 Spritzer Zitronensaft

Für die Calamari:

200 g sehr kleine,
küchenfertige Calamari

4 EL Olivenöl

50 g gegrillte, geschälte
und in Würfel geschnittene
gelbe Paprika

50 g gehackte schwarze
Oliven

2 geschälte, entkernte und in
Würfel geschnittene Tomaten

1 Zweig Estragon, gehackt

10 cl Hummerreduktion

2 EL Crème fraîche

25 g Butter

Salz, Pfeffer

Zubereitungszeit:

30 Minuten

Zubereitung

1|Für den Risotto den Reis mit 1 Messerspitze gekörnter Brühe in 1 Liter kochendes Wasser geben, umrühren, 10 Minuten köcheln lassen. Das Wasser abgießen, den Reis mit 1 Esslöffel Olivenöl beträufeln und stehen lassen. In einer tiefen Pfanne 20 Zentiliter Wasser mit der restlichen gekörnten Brühe zum Kochen bringen, restliches Olivenöl, Sahne, Salz und Pfeffer hinzufügen. Den Reis untermengen, warm stellen.

2|Die Calamari kurz in dem Olivenöl braten, aus der Pfanne nehmen. Paprikawürfel, Oliven und Tomaten ebenfalls kurz in der Pfanne dünsten. Estragon, Hummerreduktion, Crème fraîche und Butter hinzufügen und 1 Minute köcheln lassen. Die Calamari wieder dazugeben und mit Salz und Pfeffer abschmecken. Nicht mehr kochen lassen!

3|Den Risotto mit Parmesan, Weißwein, Zitronensaft und Pfeffer verrühren. Die Calamari auf den Risotto geben und sofort servieren.

Beurteilung nach TCM

Calamari gehören zu den wenigen Fischen, die kühlend wirken und dadurch besonders für den Sommer geeignet sind. In der chinesischen Ernährungslehre ist die Kombination von Reis und Fisch besonders günstig: Sie stärkt Energie und Blut und kann so z. B. Frauen nach der Entbindung helfen.

Kabeljaufilets

Zubereitung

1 | Die Fischfilets kalt abspülen und trockentupfen. Mit Salz und Pfeffer würzen, kurz in dem Mehl wenden, das überschüssige Mehl abklopfen. Die Butter in einer Pfanne zerlassen und die Filets auf beiden Seiten in ca. 2 Minuten goldbraun braten.

2 | Den Salat verlesen, waschen und abtropfen lassen. Öl, Essig, Senf, Fischfond, Salz, Pfeffer und Kräuter zu einem Dressing verrühren. Den Salat auf vier Teller verteilen, die warmen Filets darauf anrichten und mit dem Dressing beträufeln.

Zutaten für 4 Personen

4 Kabeljaufilets à ca. 80 g
Salz, Pfeffer
Etwas Mehl zum Panieren
1 EL Butter
Frische Blattsalate der Saison
Olivenöl
Balsamicoessig
1 TL Pommery-Senf
Etwas Fischfond
Frische Kräuter (z. B. Estragon,
   Kerbel, Petersilie)

Zubereitungszeit:
30 Minuten

Beurteilung nach TCM

Der Blattsalat wirkt bitter und kalt; er wirkt der sommerlichen Hitze entgegen und beruhigt den Geist. Der thermisch warme Kabeljau gleicht den kalten Salat aus und schützt die Verdauungskraft. Probieren Sie auch gekochten Dinkel im Salat – Dinkel befeuchtet und gleicht die Trockenheit des Sommers aus; zudem hilft er bei innerer Unruhe.

Rindfleisch in Aspik

Zutaten für 4 Personen

300 g gekochtes Rindfleisch

1 Knoblauchzehe

4 Stängel Petersilie

5–6 Stängel Basilikum

1/2 l Aspik (kann aus ein-
facher Brühe oder aus Brühe
von Kalbsfüßen und Aspik-
blättern hergestellt werden)

1 EL Apfelessig

Salz, Pfeffer

Muskatnuss

Zubereitungszeit:

Ca. 20 Minuten

Zubereitung

1|Das Rindfleisch in etwa 0,5 Zentimeter große Würfel schneiden. Den Knoblauch abziehen und in Scheiben schneiden. Petersilie und Basilikum waschen, die Blätter von den Stängeln zupfen. Die Peter-silienblätter hacken, das Basilikum in feine Streifen schneiden.

2|Den Aspik erwärmen, kurz vor dem Kochen Rindfleisch, Knob-lauch, Kräuter und Essig dazugeben und kräftig mit Salz, Pfeffer und Muskatnuss abschmecken (Aspik sollte im warmen Zustand leicht versalzen schmecken). Kalt servieren.

Tipp

Dazu passen Salate mit verschiedenen Blüten der Saison (z. B. Ka-puzinerkresseblüten) oder auch Pilze nach griechischer Art.

Beurteilung nach TCM

Rindfleisch stärkt die Mitte, nährt das Blut und wandelt Nässe um. Das Gericht ist ideal für den Sommer, da es erfrischend schmeckt und trotzdem nicht die Verdauung blockiert, und eignet sich auch sehr gut zum Mitnehmen.

木　火　土　金　水

Gegrillte Ananas mit Karamellsauce

Zutaten für 4 Personen
1 Ananas
2 EL Zucker
Etwas zerstoßener
 grüner Pfeffer

Für die Karamellsauce:
1 unbehandelte Orange
100 g Zucker
50 g Sahne

Zubereitungszeit:
20 Minuten

Zubereitung

1|Die Ananas schälen, mit einem kleinen Küchenmesser die »Augen« herausschneiden. Das Fruchtfleisch in etwa 1 Zentimeter dicke Scheiben schneiden, den Kern entfernen und Zucker sowie zerstoßenen grünen Pfeffer über die Ananasscheiben streuen.

2|Für die Karamellsauce die Orange hauchdünn schälen und die Schale in feine Streifen (Juliennes) schneiden. Alternativ kann die Schale auch fein abgerieben werden. Die Orange auspressen. Den Zucker mit 1 Esslöffel Wasser in eine Kasserolle geben und bei mittlerer Hitze hellbraun karamellisieren lassen. Orangensaft, -schale und Sahne hinzufügen und köcheln lassen, bis eine glatte, sämige Sauce entsteht. Bei mittlerer Hitze warm halten.

3|Die Ananasscheiben unter dem warmen, aber nicht heißen Grill auf beiden Seiten jeweils 2 bis 3 Minuten grillen. Auf vier Tellern anrichten und die lauwarme Karamellsauce angießen.

Beurteilung nach TCM

Ananas leitet feuchte Hitze aus und entschleimt das Blut. Darüber hinaus nährt sie Blut und Yin (Substanz).

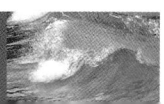

Holundersuppe mit Sago

Zutaten für 4 Personen

500 g Holunderbeeren

4 EL Zucker

1 Nelke

1 Zimtstange

1 Vanillestange

2 EL Honig

75 ml Rotwein

Saft von 1 Zitrone

2 EL Sago

Zubereitungszeit:
10 Minuten
Garzeit: 15 Minuten
Abkühlzeit: 2–3 Stunden

Zubereitung

1 | Die Holunderbeeren gründlich waschen und von den Dolden befreien. Mit einem halben Liter Wasser, dem Zucker, der Nelke, der Zimt- und der Vanillestange in einen Topf geben und etwa 15 Minuten kochen lassen.

2 | Die Suppe in einen Topf abseihen, Honig und Rotwein dazugeben und mit Zitronensaft abschmecken. Den Sago hinzufügen und alles erkalten lassen.

Tipp

Die Suppe kann auch mit anderen Früchten der Saison zubereitet werden, z. B. mit Kirschen, Erdbeeren oder Zwetschgen.

Beurteilung nach TCM

Der Holunder nährt Lungen-Yin (Substanz), wirkt schweißtreibend, weicht Schleimansammlungen auf und regt die Harnausscheidung an. Die thermische Wirkung des Holunders ist kühlend. Zimt festigt die Verdauungskraft.

Sago – das Mark der Sagopalme – kann wie Stärke für
Fruchtgrützen und Puddings verwendet werden.

木 火 土 金 水

Der Herbst

Dem Herbst werden die Organe Lunge und Dickdarm zugeordnet, der zugehörige Geschmack ist scharf.

Weh dem, der jetzt sein Immunsystem nicht auf Trab gebracht hat – dann droht die Erkältung. Um die Abwehrkräfte zu stärken, empfehlen sich thermisch warm wirkende Gewürze, die meist dem scharfen Geschmack zugeordnet sind. Dazu gehören beispielsweise Nelke, Zimt, Koriander und Ingwer, die sehr gut mit Fleisch, Fisch oder Hülsenfrüchten kombiniert werden können und als deftige Suppen oder Eintöpfe auf dem Speiseplan stehen. Und natürlich darf im Herbst der Kürbis nicht fehlen, ob als Suppe, aus dem Ofen oder als Beilage.

Rohkost und Fruchtsäfte sollten nun reduziert werden, ebenso Blattsalate und Früchte. Ein nasskalter Herbsttag verträgt durchaus auch zwei gekochte Mahlzeiten. Und wenn Sie bei den Empfehlungen für ein starkes Immunsystem vergebens nach Mandarinen und Orangen suchen, erklärt sich dies folgendermaßen: Die Zitrusfrüchte wirken thermisch kühlend, und die TCM geht davon aus, dass die Abwehrkraft durch wärmende Nahrungsmittel unterstützt wird. Kombinieren Sie die Herbstgerichte auch mit den Gerichten der Mitte (siehe S. 87ff.).

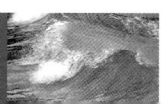

Rettich mit Frischkäse und Schinkenspeck

Zutaten für 4 Personen

4 rote Rettiche (Osterkrus)
Salz
4 Stängel Petersilie
1 kleine Knoblauchzehe
100 g körniger Frischkäse
1 EL Schnittlauch
Pfeffer
4 Scheiben Schinkenspeck

Zubereitungszeit:
15 Minuten

Zubereitung

1 | Die Rettiche waschen, putzen und auf Vorder- und Rückseite jeweils 2 Millimeter breit schräg einschneiden (es entsteht eine Ziehharmonika). Salzen. Die Petersilie waschen und trockenschütteln. Die Blätter vom Stängel zupfen und hacken. Den Knoblauch abziehen und ebenfalls hacken. Frischkäse, Schnittlauch, Petersilie und Knoblauch vermischen, salzen und pfeffern.

2 | Rettich, Frischkäse und Schinkenspeck dekorativ auf einem Teller anrichten und nach Belieben mit Vollkorn-, Schwarz- oder gut durchgebackenem Bauernbrot aus Vollkornmehl servieren.

Beurteilung nach TCM

Das Gericht ist erfrischend und befeuchtend und sollte nicht an kühlfeuchten Herbsttagen gegessen werden. Der Rettich wird dem scharfen Geschmack zugeordnet und ist thermisch kühlend. Der scharfe Geschmack regt die Schweißproduktion an. So kann die Körperoberfläche befreit werden, ohne den Körper selbst zu überhitzen (wie es durch scharf/heiß wirkenden Chili schnell geschehen kann).

木　火　土　金　水

Kürbissuppe

Zubereitung

1|Kürbis schälen und entkernen. Fruchtfleisch in grobe Würfel schneiden. Zwiebel abziehen und in Scheiben schneiden.

2|Die Hälfte der Butter in einer Kasserolle zerlassen und die Zwiebeln darin anschwitzen. Die Kürbisstücke dazugeben, mit 1,5 Liter Wasser auffüllen, mit Salz und Pfeffer würzen und 45 Minuten garen lassen.

3|Die Suppe im Mixer fein pürieren, die Sahne dazugeben und mit Salz und Pfeffer abschmecken. Die Suppe vor dem Servieren noch einmal erhitzen und die restliche Butter unterrühren. Nach Belieben mit Ingwer, Kürbiskernöl oder Chili verfeinern.

Zutaten für 4 Personen
1,5 kg Kürbis
1 kleine Zwiebel
50 g Butter
Salz, Pfeffer
100 g Sahne

Zubereitungszeit:
20 Minuten
Garzeit: 45 Minuten

Beurteilung nach TCM

Das Gericht ist neutral bis erwärmend. Die Betonung liegt durch den Kürbis vor allem auf dem Element Erde: Er wirkt erwärmend und wird dem Erdelement zugeordnet. Er unterstützt die Verdauung, leitet negative Feuchtigkeit aus und nährt positive Körperflüssigkeiten. Dies unterstützt indirekt die Immunabwehr.

Die Kräuter in diesem Gericht verleihen dem Omelette nicht nur eine besondere geschmackliche Note, sie helfen auch dem Darm, die nahrhaften Substanzen aufzunehmen.

Omelette in Steinpilzsauce

Zubereitung

1 | Die Eier in einer Schale verquirlen, mit Salz und Pfeffer würzen. Die Kräuter dazugeben und gut verrühren. Die Frühlingszwiebel waschen, putzen und in feine Streifen schneiden. Den Knoblauch abziehen und in Scheiben schneiden.

2 | Für die Sauce die Steinpilze etwa 10 Minuten in lauwarmem Wasser einweichen und anschließend etwa 1 Minute kochen lassen. Die Champignons putzen und in Scheiben schneiden. Die Schalotte abziehen, hacken und in Olivenöl glasig anschwitzen. Die Pilze dazugeben und 2 bis 3 Minuten köcheln lassen. Mit Salz und Pfeffer würzen. Die Petersilie waschen und trockenschütteln. Die Blätter vom Stängel zupfen und fein hacken. Die Pilzmischung im Mixer fein pürieren, Sahne und Petersilie hinzufügen, mit Salz, Pfeffer und Muskatnuss abschmecken.

3 | Die Butter in einer Pfanne zerlassen, Frühlingszwiebeln und Knoblauch darin glasig dünsten. Die Omelettemasse dazugeben und stocken lassen. Omelette und Sauce auf einem Teller anrichten und servieren.

Zutaten für 1 Person

Für das Omelette:

3 Eier

Salz, Pfeffer

1 EL frische, klein geschnittene Kräuter (z. B. Petersilie, Estragon, Basilikum, Rosmarin, Thymian, Salbei)

1 Frühlingszwiebel

1 Knoblauchzehe

1 TL Butter

Für die Sauce:

20 g getrocknete Steinpilze

50 g frische Champignons

1 Schalotte

1 TL Olivenöl

Salz, Pfeffer

1 Stängel Petersilie

50 g Sahne

1 kleine Prise Muskatnuss

Zubereitungszeit:

40 Minuten

Beurteilung nach TCM

Die Thermik ist neutral bis erwärmend, das Gericht betont Erde und Metall sehr stark. Das befeuchtende Ei könnte die Verdauung blockieren, doch die entfeuchtenden Pilze und die scharf-warmen Kräuter wirken dieser Gefahr entgegen. So kann die nährende Substanz des Eis gut aufgenommen werden. Gefriergetrocknete, tiefgefrorene Kräuter schmecken zwar ähnlich wie frische, haben aber nicht mehr die Kraft, die Verdauung zu unterstützen.

Risotto mit Pfifferlingen

Zutaten für 4 Personen

400 g Pfifferlinge

2–3 Schalotten

6 Stängel Petersilie

75 g Sahne

300 g Reis (Arborio oder
 Carnaroli)

Salz

2 EL Olivenöl

1 TL Butter

Pfeffer

150 ml trockener Weißwein

300 ml Geflügelbrühe

30 g Parmesankäse

Zubereitungszeit:
40 bis 50 Minuten

Zubereitung

1|Die Pfifferlingstiele von Erdresten befreien. Die Pilze mehrmals unter fließendem Wasser gründlich waschen. In einem Tuch abtropfen lassen, auf ein Backblech legen und im vorgeheizten Backofen (50 °C, Gas Stufe 1) etwa 30 Minuten trocknen lassen. Die Schalotten abziehen und fein hacken. Die Petersilie waschen und trockenschütteln. Die Blätter von den Stängeln zupfen und fein hacken. Die Sahne steif schlagen.

2|Den Reis in kochendes Salzwasser geben, umrühren und 10 Minuten köcheln lassen. Anschließend das Wasser vorsichtig abgießen, den Reis mit 1 Esslöffel Olivenöl beträufeln und stehen lassen.

3|Die Schalotten in der Butter glasig dünsten, die Pfifferlinge dazugeben und leicht mit Salz und Pfeffer würzen. Das Ganze leicht anschwitzen lassen, anschließend mit Weißwein und Brühe ablöschen. Weitere 2 bis 3 Minuten köcheln lassen. Den Reis hinzufügen, gut umrühren, erneut 1 bis 2 Minuten köcheln lassen. Den Parmesan reiben. Hat der Reis genug Flüssigkeit aufgenommen und die gewünschte Konsistenz erreicht, den Käse zum Risotto geben und alles mit Salz und Pfeffer abschmecken. Petersilie und Schlagsahne unterheben. Den Risotto auf vorgewärmten Tellern anrichten und sofort servieren.

Beurteilung nach TCM

Das Gericht ist leicht erfrischend und befeuchtend. Es sollte an wärmeren und trockeneren Herbsttagen gegessen werden.

木 火 土 金 水

Entenbrust in Curry

Zubereitung

1 | Die Entenbrüste waschen und trockentupfen, die Schale der Limette fein ab- und die Entenbrüste damit einreiben. Die Hälfte der Kokosmilch in eine Schüssel geben und die Entenbrüste etwa 1 Stunde darin marinieren.

2 | Die Schalotten abziehen und klein schneiden, das Zitronengras in feine Streifen schneiden, die Chilischoten waschen, halbieren und entkernen. Den Ingwer schälen und klein schneiden. Schalotten, Zitronengras und Chilischoten in einem Mörser zu einer Paste verreiben, Koriander, Korianderbeeren, Curry, Ingwer und Garnelenpaste dazugeben und ebenfalls verrühren. Beiseite stellen.

3 | Die restliche Kokosmilch in eine Kasserolle geben und die Entenbrust bei mittlerer Hitze 8 bis 10 Minuten darin garen. Die Paste dazugeben und weitere 3 bis 5 Minuten garen. Zum Schluss die Kokosmilch (Marinade) hinzufügen und noch einmal kurz aufkochen lassen. Die Ente auf Tellern anrichten und mit der Sauce servieren. Dazu passt Klebreis oder Risotto.

Zutaten für 4 Personen

4 Entenbrüste
1 unbehandelte Limette
300 ml Kokosmilch
75 g Schalotten
15 g Zitronengras
1 grüne Chilischote
1 rote Chilischote
1 EL frischer Koriander
1 TL Korianderbeeren
Ca. 15 g Ingwer
1/2 TL Garnelenpaste
1 EL Kokoscremepulver
1 TL Curry

Zubereitungszeit:
20 Minuten
Marinierzeit: 1 Stunde
Garzeit: 20 Minuten

Beurteilung nach TCM

Das Gericht ist erwärmend. Die Betonung liegt auf dem scharfen Geschmack, er stellt eine Verbindung zur Lunge her. Die Lunge wird erwärmt, was dem Immunsystem hilft. Damit sie durch das Erwärmen nicht austrocknet, bildet die Kokosmilch einen befeuchtenden Gegenpol. Auch Ente hat einen Bezug zur Lunge: Sie befeuchtet das Lungen-Yin (Substanz).

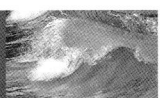

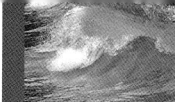

Coq au vin

Zutaten für 4 Personen

1 küchenfertiger Hahn
   (ca. 3 kg)

1 große Zwiebel

2 Knoblauchzehen

1 Karotte

1 Stück Sellerie

1 kleines Stück Lauch

1 Bund Thymian

1 Bund Petersilie

1 Lorbeerblatt

2 Nelken

Einige Pfefferkörner

1 Flasche Bordeaux oder
   Côtes du Rhône

Etwas Traubenkernöl

1 EL Tomatenmark

2 EL Mehl

1,5 l Fond oder Wasser

Salz, Pfeffer

Zubereitungszeit:
30 Minuten
Ruhezeit: 1 Tag
Garzeit: 1 Stunde

Zubereitung

1|Den Hahn unter fließendem kaltem Wasser abspülen, trocken-tupfen und in 8 Teile schneiden. Zwiebel und Knoblauchzehen abziehen und würfeln. Das Gemüse waschen, putzen und ebenfalls in grobe Würfel schneiden. Die frischen Kräuter waschen und trocken-schütteln. Gemüse, Kräuter, Gewürze und Hähnchenteile in eine Schüssel geben und mit dem Rotwein übergießen. 24 Stunden im Kühlschrank marinieren.

2|Das Öl in einer Kasserolle erhitzen und das Fleisch darin goldbraun anbraten. Mariniertes Gemüse und Kräuter dazugeben, alles etwa 5 Minuten schmoren lassen. Tomatenmark, Mehl, Rotwein (Marinade) und Fond oder Wasser unterrühren. 30 Minuten weiter schmoren lassen, anschließend salzen. Weitere 40 bis 60 Minuten garen lassen.

3|Hähnchen und Kräuter aus der Sauce nehmen. Die Sauce passieren, eventuell etwas reduzieren und mit Salz und Pfeffer abschmecken. Das Geflügel mit der Sauce nappieren und warm servieren. Dazu passt Reis.

Beurteilung nach TCM

Dieses Gericht wirkt erwärmend. Das Immunsystem wird unterstützt, vor allem durch die scharf wirkenden Gewürze. Die Kombination von Wein und Huhn befeuchtet und baut Blut auf. Rotwein ist gut für Menschen, die schnell frieren. Aber Vorsicht: Zu viel Rotwein kann Bluthitze erzeugen, die möglicherweise zu Unruhe und Hautausschlägen führt.

Kalbsfilet auf Kohlrabi

Zubereitung

1 | Das Kalbsfilet abspülen und trockentupfen. Pilze säubern und in feine Streifen schneiden. Kohlrabi schälen, in gleichmäßig dicke Scheiben schneiden und in kochendem Salzwasser 2 bis 3 Minuten blanchieren. Ingwer schälen, in feine Streifen schneiden und ebenfalls kurz blanchieren, abtropfen lassen.

2 | Kalbsfilet salzen und pfeffern und in dem Öl sowie in 10 Gramm Butter beidseits goldbraun braten. Die Hälfte des Knoblauchs sowie Thymian und Rosmarin waschen und trockenschütteln, dazugeben und 10 Minuten mitbraten. Fleisch und Kräuter aus der Pfanne nehmen, auf eine Platte geben und mit Alufolie bedecken. Das Bratfett, nicht den Bratensatz, aus der Pfanne gießen. Den Bratensatz mit Weißwein lösen und einkochen lassen. Den Fleischjus in die Pfanne geben und ebenfalls etwa 2 Minuten einkochen lassen. Den Ingwer hinzufügen, mit Salz und Pfeffer abschmecken.

3 | Die restliche Butter in eine Kasserolle geben und Schalotten sowie restlichen Knoblauch darin glasig anschwitzen. Die Pilze dazugeben, mit Salz und Pfeffer würzen, etwa 5 Minuten garen, dann die Petersilie unterrühren.

4 | Die Kohlrabischeiben auf vier Tellern fächerförmig in der Mitte anrichten, salzen und pfeffern. Die Teller im Backofen erwärmen. Die Pilze pyramidenförmig auf den Kohlrabi schichten, das Fleisch in feine Scheiben schneiden und fächerförmig um die Pilzpyramide legen. Den Jus darüber verteilen und servieren. Dazu passt Wildreis.

Beurteilung nach TCM

In diesem Gericht sind alle Elemente enthalten, es ist trotz des Fleischs sehr gut verdaulich. Die thermische Wirkung ist erwärmend, was das Immunsystem unterstützt. Erwärmende und scharfe Gewürze sowie Weißwein tonisieren die Verdauungskräfte.

Zutaten für 4 Personen

600 g Kalbsfilet ohne
    Knochen
150 g Champignons
50 g Shiitakepilze
3–4 Kohlrabi
Salz
Ca. 2 cm Ingwerwurzel
Pfeffer
2 El Öl
20 g Butter
2 Knoblauchzehen, in feine
    Scheiben geschnitten
2 Zweige Thymian
1 Zweig Rosmarin
40 ml trockener Weißwein
300 ml Fleischjus
1 Schalotte, fein gehackt
2 Stängel gehackte Petersilie

Zubereitungszeit:
20 Minuten
Garzeit: 10–15 Minuten

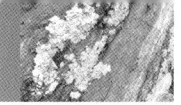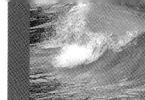

Tafelspitz mit Schwarzwurzelgemüse

Zutaten für 4 Personen

Einige Rinderknochen
  (von Brust oder Hals)
1 kg Tafelspitz
1 Gewürzsträußchen
Salz, Pfeffer
Muskatnuss
10 Schwarzwurzeln
1 Zwiebel
1 EL Olivenöl
Etwas Fleischbrühe zum
  Angießen

Für die Sauce:
15 g Butter
15 g Mehl
1/4 l Brühe
Salz, Pfeffer
Muskatnuss
1 Messerspitze Chilipulver
1 EL gehackter Kerbel
1 EL fein geschnittener
  Schnittlauch
1 EL gehackte Petersilie
1 EL fein geschnittenes
  Basilikum
1 TL fein geschnittener
  Estragon

Zubereitungszeit:
40 Minuten

Zubereitung

1 | Rinderknochen und Tafelspitz gründlich abspülen, in einen großen Topf geben und mit Wasser bedecken. Zum Kochen bringen; falls sich Schaum bildet, mit der Kelle entfernen. Das Gewürzsträußchen waschen und dazugeben. Je nach Größe der Stücke das Fleisch bei 90 °C (mithilfe eines Thermometers prüfen) 30 bis 40 Minuten nur noch ziehen lassen. Es sollte beim Aufschneiden saftig und noch leicht rosafarben sein. Mit Salz, Pfeffer und Muskatnuss abschmecken.

2 | Die Schwarzwurzeln schälen und in etwa 3 Millimeter dicke Scheiben schneiden. Die Zwiebel abziehen, hacken und mit den Schwarzwurzeln in dem Olivenöl glasig anschwitzen. Bis zur Hälfte mit Fleischbrühe begießen, mit Salz und Pfeffer würzen und 10 bis 15 Minuten kochen lassen.

3 | Für die Sauce aus Butter und Mehl eine Mehlschwitze herstellen und erkalten lassen. Die Brühe einmal aufkochen lassen und in einem Schwung kochend über die erkaltete Mehlschwitze geben. Mit dem Schneebesen glatt rühren und darauf achten, dass sich keine Klümpchen bilden. Die Sauce unter ständigem Rühren 2 bis 3 Minuten köcheln lassen, mit Salz, Pfeffer, Muskatnuss und Chili abschmecken. Etwas abkühlen lassen, die Kräuter unterrühren. Fleisch, Sauce und Gemüse dekorativ auf vier Tellern anrichten und servieren.

Beurteilung nach TCM

Die Thermik ist erwärmend, vor allem durch die Gewürze. Der scharfe Geschmack unterstützt das Immunsystem, das Rindfleisch die Verdauungskraft. Schwarzwurzel wirkt auf Lunge, Nieren und Leber und hat eine blutreinigende Qualität.

Zu Tafelspitz passen auch andere Gemüsesorten (z. B. Karotten, Lauch, Sellerie) ausgezeichnet.

木 火 土 金 水

Grünkohl mit geräuchertem Fleisch

Zutaten für 4 Personen

600 g Kassler oder Schäufele

1 Kopf Grünkohl

Salz

2 Schalotten

2 Knoblauchzehen

1 dickere Scheibe Räucherspeck

1 EL Entenschmalz

1–2 EL Mehl

1/2 l Milch

1 Prise Kümmel

1 Stängel Petersilie

Pfeffer

Zubereitungszeit:
30 Minuten
Garzeit: 2–3 Stunden

Zubereitung

1|Das Fleisch mit Wasser bedecken und bei geschlossenem De-
ckel bei etwa 80 °C (mithilfe eines Thermometers prüfen) 2 bis
3 Stunden garen.

2|Den Grünkohl waschen, putzen und in grobe Stücke schneiden.
In leicht gesalzenem, kochendem Wasser 2 bis 3 Minuten blanchie-
ren und in einem Sieb abtropfen lassen. Anschließend durch die
grobe Scheibe des Fleischwolfs geben. Schalotten und Knoblauch
abziehen und fein hacken, den Speck in feine Würfel schneiden
und mit Schalotten und Knoblauch in dem Entenschmalz glasig
anschwitzen. Den Kohl dazugeben. Mit dem Mehl bestäuben und
verrühren. Milch dazugeben und das Ganze langsam zum Kochen
bringen. Etwa 5 Minuten köcheln lassen, dabei ab und zu mit um-
rühren. Mit dem Kümmel würzen.

3|Die Petersilie waschen und trockenschütteln. Die Blätter vom
Stängel zupfen, hacken und über den Grünkohl streuen. Mit Salz
und Pfeffer abschmecken und zusammen mit dem Fleisch auf vier
Tellern anrichten. Dazu passen Bratkartoffeln mit Röstzwiebeln.

Beurteilung nach TCM
Die Thermik ist neutral bis erfrischend, mit würzigen Bratkartoffeln
und Röstzwiebeln kann dieses Gericht thermisch ausgeglichen werden. Das Schweinefleisch kühlt und befeuchtet, es stärkt Blut und
Substanz. Da Schweinefleisch sehr stark befeuchtend wirkt, sollte
es nicht so häufig gegessen werden.

Schwarzwälder Lammtopf

Zutaten für 4 Personen

1,2 kg ausgelöster Lammhals
oder -schulter
1–2 Zwiebeln
6 Knoblauchzehen
4 Karotten
1 Sellerieknolle
1 Lauchstange
1 Bund Thymian
1 EL Butter
2 Lorbeerblätter
2–3 Nelken
10 zerstoßene Pfefferkörner
2 EL Tomatenmark
3 EL Mehl
Lammfond (aus den Knochen)
Salz, Pfeffer

Zubereitungszeit:
20 Minuten
Garzeit: 50–60 Minuten

Zubereitung

1|Das Lammfleisch abspülen, trockentupfen und in grobe Würfel schneiden. Zwiebeln und Knoblauch abziehen und in Scheiben schneiden. Das Gemüse waschen, putzen und ebenfalls in Scheiben schneiden. Den Thymian waschen und trockenschütteln. Die Blättchen von den Zweigen streifen und hacken.

2|Die Butter in einer Kasserolle zerlassen und das Fleisch darin goldbraun braten. Zwiebeln, Knoblauch, Karotten, Sellerie, Lauch, Thymian, Lorbeer, Nelken und Pfeffer dazugeben und anschwitzen. Tomatenmark, Mehl und Lammfond hinzufügen, nach der Hälfte der Garzeit salzen.

3|Das Fleisch aus der Kasserolle nehmen, die Sauce mit Salz und Pfeffer abschmecken und passieren. Dazu passen Kartoffeln und Erbsen oder grüne Bohnen.

Beurteilung nach TCM

Die Thermik ist erwärmend – ein ideales Gericht, wenn es draußen so richtig ungemütlich kalt und regnerisch ist. Alle Geschmacksrichtungen sind vertreten, das Gericht nährt alle Elemente. Vor allem die Nieren werden von Lamm unterstützt. Das Gericht stärkt den unteren Rücken, indem es vor Nässe und Kälte schützt – oft zwei Hauptverantwortliche für Schmerzen im unteren Rückenbereich.

    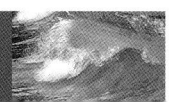

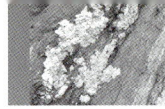

Der Winter

Dem Winter werden die Organe Nieren und Harnblase zugeordnet; der zugehörige Geschmack ist salzig.

Wie alle Organe bestehen auch die Nieren aus Yin (Substanz) und Yang (Energie/Wärme). Mit thermisch heißen und warmen Nahrungsmitteln, die sich gut zu Eintöpfen, Suppen oder anderen deftigen Gerichten verarbeiten lassen, können wir das Yang der Nieren unterstützen. Der Fleisch- und Fischkonsum kann wie im Herbst etwas höher sein. Um das Nieren-Yin (Substanz) zu nähren, sollten Nahrungsmittel wie Nüsse, Ei, Trockenobst und Kompott (ersetzt frisches kühlendes Obst), Wurzelsalat (ersetzt kalte Blattsalate), Hülsenfrüchte und Wintergemüse auf dem Speiseplan stehen.

Nicht vergessen werden sollten Algen, die sich durch einen hohen Mineralstoffanteil hervorragend dazu eignen, die Nierensubstanz zu stärken. Sie können auch wie ein Lorbeerblatt mitgekocht werden.

Special: Kräftigende Brühen

Suppen vermitteln seit je das anheimelnde Gefühl, Trost zu spenden und nach einer Krankheit wieder Kraft zu verleihen. Zwei Klassiker dürfen dabei keinesfalls fehlen: die Hühnerbrühe, die sich z. B. für die Regeneration nach einer Entbindung eignet, da sie zum Blutaufbau beiträgt, und die Rinderbrühe oder Rinderconsommé (Rezepte siehe S. 84f.). Diese Suppen werden in China meist länger gekocht als bei uns, oft sechs bis acht Stunden auf kleiner Flamme. Dadurch lösen sich die aufbauenden Nährstoffe in der Flüssigkeit, und es bleibt pure Essenz übrig, die sowohl Yin (Substanz) als auch Yang (Energie/Wärme) nährt. Um die Wirkung noch zu verstärken, kocht man Heilkräuter mit, etwa die Ginsengwurzel. Doch auch ohne krank zu sein, können Sie sich diese Brühen regelmäßig gönnen, vor allem im Herbst und im Winter. Genießen Sie morgens, mittags und abends ein kleines Schälchen davon vor den Mahlzeiten.

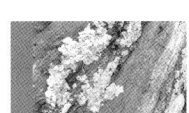

Klare Meeresalgensuppe mit Garnelen

Zutaten für 4 Personen

2 TL Olivenöl

4 gepulte Garnelenschwänze,
in Würfel geschnitten

1 l kräftige Geflügelbrühe
oder 1 Geflügelbrühwürfel

5 Eier

2 EL Saké (Reisschnaps)

1 EL Zucker

1/2 EL Sojasauce

100 g Tofu

4 EL Meeresalgen
(Kombu oder Wakame)

Zubereitungszeit:
10 Minuten

Zubereitung

1|In einer Pfanne 1 Teelöffel Öl erhitzen und die Garnelen darin andünsten. Die Brühe ebenfalls erhitzen und über die Garnelen gießen. Beiseite stellen.

2|Die Eier verquirlen, Saké, Zucker und Sojasauce dazugeben. Als Omelette in dem restlichen Öl backen. Aus der Pfanne auf ein Küchentuch legen, damit das Fett abtropfen kann. Das lauwarme Omelette aufrollen und in etwa 0,5 Zentimeter dicke Scheiben schneiden. Den Tofu würfeln und mit den Omelettescheiben, den Meeresalgen und den Garnelen auf vier Suppenteller verteilen. Mit der warmen Brühe aufgießen und servieren.

Beurteilung nach TCM

Dieses Gericht ist thermisch neutral bis erfrischend. Die sehr mineralhaltigen Algen können im Winter jedoch gut die Nieren nähren. An kalten Wintertagen sollte mehr Erwärmendes zugefügt oder die Suppe als Vorspeise gegessen werden – vor einem Hauptgang mit thermisch wärmender Tendenz. Algen sind thermisch kalt und nährstoffhaltig, helfen beim Knochenaufbau, weichen Lymphstauungen auf und kühlen innere Hitze (gleichen Unruhe aus).

Dieses thermisch wärmende Gericht hilft selbst an den ungemütlichsten Wintertagen!

Chinesische Nudelsuppe

Zubereitung

1 | Zwiebeln und Knoblauch abziehen und in Stifte schneiden. Karotten und Sellerie waschen, putzen und ebenfalls in Stifte schneiden. Alles zusammen in 1,5 Liter Wasser gar kochen; das Gemüse sollte »al dente« bleiben. Das Fleisch unter fließendem, kaltem Wasser gründlich abspülen, trockentupfen und in hauchdünne Scheibchen schneiden. Kurz in der Brühe mitgaren. Die Glasnudeln dazugeben und weitere 2 Minuten ziehen lassen.

2 | Die Suppe mit dem Koriander bestreuen, die Peperoni hineingeben und sofort servieren.

Zutaten für 4 Personen

4 Frühlingszwiebeln
3 Knoblauchzehen
1–2 Karotten
1 Stück Sellerie
200 g Geflügelfleisch
100 g Glasnudeln
Einige gehackte
 Korianderblätter
Einige Peperoni

Zubereitungszeit:
25 Minuten

Beurteilung nach TCM

Die Nudelsuppe wirkt durch wärmende Zutaten wie Geflügelfleisch, Knoblauch, Frühlingszwiebeln, Koriander und die thermisch heißen Peperoni thermisch wärmend.

Selleriesalat mit Nüssen

Zutaten für 4 Personen

1 Sellerieknolle

1 Ei

2 EL Sahne

Saft einer 1/2 Zitrone

1 EL Nussöl

Salz, Pfeffer

2 EL grob gehackte Nüsse

2 EL grob gehackter Kerbel

Zubereitungszeit:

15 Minuten

Zubereitung

1 | Den Sellerie waschen, putzen und entweder in hauchdünne Scheiben schneiden oder klein würfeln und kurz in Salzwasser blanchieren (je nach Vorliebe). Das Ei hart kochen und abkühlen lassen.

2 | Für das Dressing Sahne, Zitronensaft und Nussöl zum Sellerie geben, verrühren und mit Salz und Pfeffer abschmecken. Das Ei pellen und in kleine Würfel schneiden. Nüsse, Kerbel und Eiwürfel zum Salat geben und alles gut miteinander vermengen. Dazu passt auch ausgezeichnet Feldsalat mit Feigen.

Beurteilung nach TCM

In den Wintermonaten werden mehr Wurzelsalate gereicht. Sie sind thermisch kühlend und gleichen thermisch warme und heiße Nahrungsmittel wie z. B. Fleisch aus. So sollte dieser Salat an kühlen Wintertagen mit thermisch warmen oder heißen Nahrungsmitteln kombiniert werden. Ei, Nüsse und Sahne sind sehr reichhaltig und spenden wichtige Nährstoffe. Sie helfen beim Aufbau von Körpersubstanzen und stellen bei einem höheren Grundumsatz zusätzlich benötigte Nährstoffe bereit.

木 火 土 金 水

Garnelen am Spieß

Zubereitung

1 | Die Limette auspressen, den Szechuanpfeffer fein zerstoßen. Den Knoblauch abziehen und mit dem Zitronengras in feine Scheibchen schneiden. Die Garnelenschwänze mit Knoblauch und Zitronengras belegen, mit etwas Limettensaft beträufeln, mit dem Pfeffer bestreuen und 30 bis 45 Minuten marinieren lassen.

2 | Die Garnelenschwänze auf vier Spieße verteilen, in eine feuerfeste Form legen und jeweils 2 Minuten pro Seite unter dem Grill rösten. Herausnehmen und mit Pastis oder Pernod, Oliven- und Sesamöl beträufeln. Mit Salz und Pfeffer leicht würzen, den übrigen Limettensaft ebenfalls darüber träufeln. Lauwarm oder kalt servieren. Dazu passt Reis.

Zutaten für 4 Personen

2 Knoblauchzehen
1/2 Stängel Zitronengras
16 Garnelenschwänze
1 Limette
Szechuanpfeffer
Salz, Pfeffer
Einige Tropfen Pastis oder
 Pernod
Einige Tropfen Öl von
 geröstetem Sesam
2 EL Olivenöl

Zubereitungszeit:
15 Minuten
Marinierzeit: 30–45 Minuten

Beurteilung nach TCM

Garnelen wirken thermisch warm, ebenso Knoblauch, Pfeffer und Sesam. So hat dieses Gericht eine wärmende Tendenz. Seine spezielle Wirkung auf die Nieren verdankt es den Garnelen, dem Sesam und dem Anis (in Pastis oder Pernod). Garnelen nähren Energie und Blut und fördern die Milchbildung. Bei Hautproblemen sollte auf Garnelen verzichtet werden.

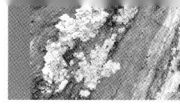

Sauerkrautgratin

Zutaten für 4 Personen

3 kleine Zwiebeln

2 kleine Äpfel

2 EL Olivenöl

400 g gekochtes Sauerkraut

150 ml trockener Weiß-
    oder Apfelwein

300 g fettarmer Joghurt

Salz, Pfeffer

Etwas Öl für die Auflaufform

1 Paket Pumpernickel

4 EL geriebener Emmentaler

1 Bund Radieschen

300 g gekochtes Kassler
    in Scheiben

Zubereitungszeit:
15 Minuten
Garzeit: 40 Minuten

Zubereitung

1 | Die Zwiebeln abziehen, die Äpfel schälen, entkernen und zusammen mit den Zwiebeln in feine Würfel schneiden. Das Öl erhitzen, Zwiebeln und Äpfel darin dünsten. Sauerkraut, Weiß- oder Apfelwein sowie Joghurt dazugeben und alles gut vermischen. Mit Salz und Pfeffer abschmecken.

2 | Eine Auflaufform mit etwas Öl fetten und mit Pumpernickelscheiben auslegen. Die Sauerkrautmischung darauf verteilen. In den vorgeheizten Backofen schieben und 30 Minuten bei 200 °C (Gas Stufe 3–4) backen. Den geriebenen Käse darüber streuen und weitere 10 Minuten backen.

3 | Die Radieschen waschen, putzen und in feine Scheiben schneiden. Die Kasslerscheiben zusammen mit dem Sauerkraut auf den vier Tellern anrichten und mit den Radieschenscheiben garniert servieren.

Beurteilung nach TCM

Dieses Gericht eignet sich für milde Wintertage. Sauerkraut wirkt thermisch erfrischend, es leitet Hitze aus Magen und Darm aus. Setzen Sie dieses Gericht ab und zu auf den Speiseplan, dann können die scharfen und warmen oder heißen Nahrungsmittel, die an den kalten Wintertagen gegessen werden, den Verdauungstrakt nicht schädigen.

 木 火  土 金 水

Linsen und Spätzle

Zubereitung

1|Die Linsen mit Wasser bedecken und 3 bis 4 Stunden (oder über Nacht) einweichen.

2|Das Öl in einem Topf erhitzen, Speck und Zwiebeln darin glasig anschwitzen. Gemüsewürfel, Tomatenmark, Senf und Rotwein dazugeben und einmal aufkochen lassen. Die Linsen mit dem Einweichwasser hinzufügen, mit Essig, Salz und Pfeffer würzen. Das Lorbeerblatt dazugeben und alles köcheln lassen, bis die Linsen weich sind.

3|Für die Spätzle Mehl, Eier, Salz und Muskatnuss in eine Schüssel geben. Den Teig mit einem Kochlöffel glatt rühren und so lange schlagen, bis er Blasen wirft. In kochendes Salzwasser schaben oder durch eine Spätzlepresse drücken.

4|Die Spätzle mit den Linsen anrichten und nach Belieben mit schwäbischen »Saitewürscht« (Wiener Würstchen), Geflügel oder Geräuchertem (Schälripple oder Kassler) servieren.

Zutaten für 4 Personen
500 g Linsen
2 EL Olivenöl
60 g Speckwürfel
50 g gewürfelte Zwiebeln
100 g gewürfeltes Gemüse
(z. B. Karotten, Lauch)
1/2 EL Tomatenmark
1 EL Senf
Ca. 60 ml Rotwein
1 TL Essig
Salz, Pfeffer
1 Lorbeerblatt

Für die Spätzle:
200 g Mehl
4 Eier
Salz
Muskatnuss

Zubereitungszeit:
40 Minuten
Ruhezeit: 3–4 Stunden
(oder über Nacht)

Beurteilung nach TCM

Das Gericht ist thermisch neutral, also im Winter nicht wärmend. Aufgenommen haben wir es hier aufgrund seiner nährenden Qualität. Linsen nähren vor allem die Nieren gut, stellen also Baustoffe z. B. für den Knochenaufbau bereit. Nährende Lebensmittel sind allerdings etwas schwer verdaulich, deshalb könnte man noch Kümmel oder frischen Ingwer mit den Linsen kochen.

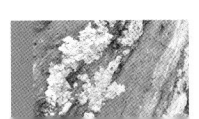    

Poulardenbrust mit Wirsingeintopf

Zutaten für 4 Personen

1/2 Wirsingkopf
1–2 Zwiebeln
4 Kartoffeln
1/2 EL Enten- oder
 Gänseschmalz
1 TL Kümmel
Salz, Pfeffer
4 Poulardenbrüste oder
 Schlegel (entbeint)

Zubereitungszeit:
20–30 Minuten
Garzeit: 45–60 Minuten

Zubereitung

1|Den Wirsing waschen und putzen, die Blätter in 0,5 bis 1 Zentimeter breite Streifen schneiden. Die Zwiebeln abziehen und in feine Scheiben schneiden. Die Kartoffeln schälen, waschen und in etwa 1 Zentimeter große Würfel schneiden. Das Schmalz in einem Topf erhitzen und die Zwiebeln darin glasig dünsten. Wirsing, Kartoffeln und Kümmel dazugeben, mit Salz und Pfeffer würzen. Etwas Wasser hinzufügen und 45 bis 60 Minuten köcheln lassen.

2|Das Geflügel unter fließendem kaltem Wasser gründlich abspülen und trockentupfen. Salzen und pfeffern und im restlichen Schmalz goldbraun anbraten. Die Poulardenbrust im vorgeheizten Backofen (180 °C, Gas Stufe 2–3) etwa 3 bis 5 Minuten garen. Die Schlegel etwa 25 Minuten garen.

3|Den Wirsingeintopf mit dem Geflügel auf vier Tellern anrichten.

Beurteilung nach TCM

Wirsing wird vorwiegend ab dem Herbst angeboten. Er wirkt thermisch neutral wie alle Kohlsorten. Kohl allgemein baut Yin (Substanz) auf und stärkt die Verdauung. Das Gericht ist leicht erwärmend und eignet sich bestens für die Wintertage.

木 火 土 金 水

Fleischbällchen in scharfer Tomatensauce

Zutaten für 4 Personen

500 g Rindfleisch
1 getrocknete rote Chilischote
1 Ei
Salz
6 EL Olivenöl
2 Zwiebeln
4 Knoblauchzehen
2 Tomaten
3 Zweige Thymian
100 ml Fleischbrühe oder
   Wasser
Pfeffer

Zubereitungszeit:
55 Minuten
Garzeit: ca. 30 Minuten

Zubereitung

1 | Das Fleisch durch die mittlere Scheibe des Fleischwolfs drehen. Die Chilischote klein schneiden, mit Ei und Salz zum Hackfleisch geben und alles gut vermengen. Nach Belieben noch etwas gehackte Petersilie hinzufügen. Die Handinnenflächen befeuchten und aus dem Fleisch walnussgroße Bällchen formen. Das Olivenöl in einer Pfanne erhitzen und die Fleischbällchen darin goldbraun braten.

2 | Zwiebeln und Knoblauch abziehen, die Tomaten waschen und von Stielansätzen und Kernen befreien. Alles in kleine Würfel schneiden. Den Thymian waschen und trockenschütteln. Die Blättchen von den Zweigen streifen und hacken. Zwiebeln und Knoblauch in der Pfanne glasig dünsten, die Tomaten dazugeben und 1 bis 2 Minuten mitdünsten. Fleischbrühe oder Wasser angießen, die Sauce salzen und pfeffern. Den Thymian und die Fleischbällchen dazugeben, die Pfanne mit einem Deckel verschließen und bei mittlerer Hitze etwa 30 Minuten köcheln lassen.

Tipp

Beim Chili sollten Sie vorsichtig sein: Die Menge richtet sich nach deren Schärfe und Ihrem Geschmack. Sie können die Bällchen warm, lauwarm, kalt als Tapas oder als Hauptgericht mit Reis servieren.

Beurteilung nach TCM

Insbesondere der Chili verleiht diesem Gericht eine erwärmende Qualität. Chili eliminiert Kälte und regt den Verdauungstrakt an.

    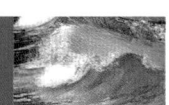

Gebratenes Roastbeef aus dem Ofen

Zutaten für 4 Personen

1,2 kg Roastbeef
   aus der Hüfte
Salz, Pfeffer
1 EL Öl
4 Zweige Thymian
2 Zwiebeln
4 Knoblauchzehen
1 Lorbeerblatt
2 Nelken
150 ml trockener Weißwein

Zubereitungszeit:
10 Minuten
Garzeit: 20–30 Minuten

Zubereitung

1|Das Fleisch abspülen, trockentupfen und mit reichlich Salz und Pfeffer würzen. Das Öl in einem Bräter erhitzen und das Fleisch darin kurz anbraten, bis es eine goldbraune Farbe hat.

2|Den Thymian waschen und trockenschütteln. Die Blättchen von den Zweigen streifen und fein hacken. Zwiebeln und den Knoblauch abziehen, ebenfalls hacken und mit Lorbeer, Nelken und Thymian zum Fleisch geben. Im vorgeheizten Backofen (180–200 °C, Gas Stufe 3) 20 bis 30 Minuten garen.

3|Das Fleisch herausnehmen, auf eine Platte legen und mit Alufolie abdecken. Die Zwiebeln wenn nötig weiter anrösten, mit Weißwein ablöschen, bis zur Hälfte einkochen lassen, dann erneut mit etwas Wasser ablöschen. Die Sauce etwa 10 Minuten köcheln lassen, durch ein Sieb passieren und mit Salz und Pfeffer abschmecken. Das Roastbeef mit der Sauce servieren. Dazu passen Bratkartoffeln.

Beurteilung nach TCM

Die thermisch heißen Gewürze Nelken und Pfeffer sind gemeinsam mit den warmen Gewürzen Zwiebeln, Knoblauch, Thymian und Lorbeer für die wärmende Wirkung des Gerichts verantwortlich. Das Rindfleisch stärkt die Verdauung, wandelt überflüssige Feuchtigkeit um und baut Blut auf.

木 火 土 金 水

Lamm-Baeckaoffa

Zutaten für 4–5 Personen

1,5 kg Lammschulter
ohne Knochen

2 Knoblauchzehen

Salz

2 Karotten

1/2 Sellerieknolle

2 Stangen Lauch

1 Zweig Thymian

2 Lorbeerblätter

8 Wacholderbeeren

10 Korianderkörner

1/2 l trockener Weißwein

2 EL Gänseschmalz

2 dünne geräucherte
Speckscheiben

2 kg Kartoffeln

Pfeffer

Etwas Mehl

Zubereitungszeit:
30 Minuten
Ruhezeit: 12 Stunden
Garzeit: 2,5–3 Stunden

Zubereitung

1 | Das Lammfleisch abspülen, trockentupfen und in etwa 1 bis 2 Zentimeter große Stücke schneiden. Den Knoblauch abziehen, zerdrücken, mit Salz mischen und die Fleischstücke damit gut einreiben. Das Gemüse waschen, putzen und in ca. 3 Millimeter dicke Scheiben schneiden. Den Thymian waschen und trockenschütteln. Gemüse, Fleisch, Thymian und Gewürze in eine Schüssel geben, mit dem Wein übergießen und mindestens 12 Stunden im Kühlschrank ziehen lassen.

2 | Eine große Auflaufform mit dem Gänseschmalz einfetten und mit den Speckscheiben auslegen. Die Kartoffeln schälen, waschen und in 2 Millimeter dünne Scheiben schneiden. Mit dem Fleisch in seiner Marinade und dem Gemüse gut vermischen, mit Salz und Pfeffer würzen und in die Auflaufform geben. 1 Glas Wasser angießen. Die Form mit einem Deckel und einem Teig aus Mehl und Wasser gut verschließen. Bei 180 °C (Gas Stufe 2–3) 2,5 bis 3 Stunden im Backofen garen.

Beurteilung nach TCM

Lamm wirkt thermisch heiß, mit den wärmenden Gewürzen hat dieses Gericht insgesamt eine wärmende Tendenz. Lamm hat eine direkte Wirkung auf die Nieren, die es im Winter besonders zu schützen gilt.

Baeckaoffa ist ein traditionell elsässischer Eintopf im Tontopf, der früher im Ofen beim Bäcker gegart wurde. Der Deckel wurde (und wird) mit einem Teigrand verschlossen.

Special

Klare Hühnerbrühe

Zutaten für 4–6 Personen

1 Zwiebel
2 Knoblauchzehen
1 Karotte
1 kleines Stück Sellerie
1 kleine Stange Lauch
1 Huhn
1 Zweig Thymian
1 EL Öl
1 Lorbeerblatt
Einige Nelken
Einige Pfefferkörner
Einige Korianderkörner
Einige Wacholderbeeren

Zum Klären:

4 Eiweiß
1 kleiner Zweig Thymian
1 kleiner Zweig Petersilie
Je 1 Stück Karotte,
  Sellerie und Lauch
1 TL Tomatenmark
Salz

Zubereitungszeit:
20 Minuten
Garzeit:
1,5 Stunden (Brühe),
30 Minuten (klären)

Zubereitung

1 | Zwiebel und Knoblauch abziehen und in nicht zu kleine Stücke schneiden. Das Gemüse waschen, putzen und ebenfalls grob zerkleinern. Das Huhn abspülen, trockentupfen und in Stücke teilen. Den Thymian waschen und trockenschütteln. Das Öl in einer Kasserolle leicht erhitzen und das Geflügel darin anbraten. Gemüse, Gewürze und Kräuter sowie 2,5 Liter Wasser hinzufügen und alles etwa 1,5 Stunden köcheln lassen. Die Brühe durch ein feines Sieb passieren und erkalten lassen.

2 | Zum Klären das Eiweiß in eine Schüssel geben. Thymian und Petersilie waschen und trockenschütteln. Die Blätter abzupfen und fein hacken. Das Gemüse waschen, putzen, fein hacken, zusammen mit dem Tomatenmark und den Kräutern zum Eiweiß geben und leicht aufschlagen. Die kalte Brühe entfetten, das Eiweiß mit dem Gemüse dazugeben und alles gut verrühren. Bei geringer Hitze erwärmen und stocken lassen. Während des Erwärmens kann die Brühe umgerührt werden; wenn das Eiweiß zu stocken beginnt, nicht mehr rühren und 20 bis 30 Minuten nur noch ziehen lassen (keinesfalls mehr kochen). Die geklärte Brühe durch ein Haarsieb in eine Kasserolle passieren und mit Salz abschmecken.

Beurteilung nach TCM

Dieses Suppenhuhn spendet Kraft und baut die Körperenergie wieder auf. Das Huhn hat vor allem Einfluss auf den Blutaufbau. Wenn verfügbar, können chinesische Kräuter wie Dang Gui (Chinesische Angelikawurzel) und Bai Shao (weiße Pfingstrosenwurzel) mitgekocht werden.

Special
Rinderconsommé

Zutaten für 4–6 Personen

1 Zwiebel
2 Knoblauchzehen
1 Karotte
1 kleines Stück Sellerie
1 kleine Lauchstange
400 g Rindfleisch
1 Zweig Thymian
1 EL Öl
Einige Rinderknochen
1 Lorbeerblatt
Einige Nelken
Einige Pfefferkörner
Einige Korianderkörner
Einige Wacholderbeeren

Zum Klären:

4 Eiweiß
1 kleiner Zweig Thymian
1 kleiner Stängel Petersilie
Je 1 Stück Karotte, Sellerie,
 Lauch
1 TL Tomatenmark
Salz

Zubereitung

1|Zwiebel und Knoblauch abziehen und in nicht zu kleine Stücke schneiden. Das Gemüse waschen, putzen und ebenfalls grob zerkleinern. Das Rindfleisch abspülen, trockentupfen und in größere Würfel schneiden. Den Thymian waschen und trockenschütteln. Das Öl in einer Kasserolle leicht erhitzen, Fleisch und Knochen darin anbraten. Gemüse, Gewürze und Kräuter sowie 2,5 Liter Wasser hinzufügen und alles etwa 1,5 Stunden köcheln lassen. Die Brühe durch ein feines Sieb passieren und erkalten lassen.

2|Zum Klären das Eiweiß in eine Schüssel geben. Thymian und Petersilie waschen und trockenschütteln. Die Blätter abzupfen und fein hacken. Das Gemüse waschen, putzen, fein hacken, zusammen mit dem Tomatenmark und den Kräutern zum Eiweiß geben und leicht aufschlagen. Die kalte Brühe entfetten, das Eiweiß mit dem Gemüse dazugeben und alles gut verrühren. Bei geringer Hitze erwärmen und stocken lassen. Während des Erwärmens kann die Brühe umgerührt werden; wenn das Eiweiß zu stocken beginnt, nicht mehr rühren und 20 bis 30 Minuten nur noch ziehen lassen (keinesfalls mehr kochen). Die geklärte Brühe durch ein Haarsieb in eine Kasserolle passieren und mit Salz abschmecken.

Zubereitungszeit:
20 Minuten
Garzeit:
1,5 Stunden (Brühe),
30 Minuten (klären)

Beurteilung nach TCM

Die Rinderbrühe spendet Kraft und baut die Energien des Körpers wieder auf. Vor allem unterstützt die Rinderconsommé unsere Abwehrkraft im Herbst. Gesteigert wird die Wirkung noch, wenn man Kräuter wie Ren Shen (Ginsengwurzel) und Huang Qi (Astragaluswurzel) mitkocht.

    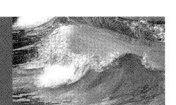

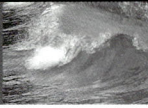

Ernährung der Mitte

Für die Traditionelle Chinesische Medizin gehören der Mitte die Organe Milz und Magen an. Der zugehörige Geschmack ist süß – aber nicht im Sinne von Zucker oder Schokolade, sondern als Getreide und Gemüse, die dem süßen Geschmack zugeordnet werden. Die zugehörige Jahreszeit ist die jeweilige Übergangszeit zwischen den anderen Jahreszeiten. Die folgenden Rezepte sind in erster Linie aufgrund ihrer Ausgewogenheit der Mitte zugeordnet. Die Gerichte verhalten sich thermisch in der Summe neutral. Sie beinhalten alle fünf Geschmacksrichtungen und halten den Körper so im Gleichgewicht.

Abgesehen von thermischer und geschmacklicher Wirkung sollte täglich mindestens eine gekochte Mahlzeit gegessen werden. Frühjahr und Sommer erlauben es, Fisch und Fleisch zwei- bis dreimal wöchentlich zu essen, Herbst und Winter auch vier- bis fünfmal. Selbstverständlich soll sich kein Vegetarier dazu aufgefordert fühlen, Fleisch zu essen – auch für vegetarische Alternativen haben wir gesorgt.

Die Rezepte verstehen sich als Anregungen – Ihrer Fantasie beim Kochen sind keine Grenzen gesetzt. Problematisch ist in aller Regel vor allem eine zu einseitige Ernährung. So sollten nicht gerade die Menschen kühl wirkenden grünen Tee trinken, die sowieso schon durch den Verzehr großer Mengen Salat und Milchprodukte thermisch zu kühl sind.

Special: Menü für die Liebesnacht

Aus naheliegenden Gründen sind die Rezepte, die ein besonderes Menü für die Liebesnacht ergeben, für zwei Personen berechnet. Und auch wenn's noch so schön ist: Das Menü sollte wegen seiner sehr erwärmenden bis heißen Qualität nicht zu häufig zubereitet werden.

    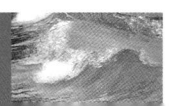

Tofusuppe mit Kastanien

Zutaten für 4 Personen

250 g gewürzter Tofu

300 g Kastanien
   (aus der Dose)

500 g gemischte Pilze
   (aus der Dose oder frisch)

2 Lauchstangen

4 EL Olivenöl

50 ml Ahornsirup

2 EL Obstessig

2 EL Sojasauce

2 EL Speisestärke

Salz, Pfeffer

Zubereitungszeit:
20 Minuten

Zubereitung

1|Tofu, Kastanien und Pilze in ein Sieb geben und abtropfen lassen. Den Lauch waschen, putzen und in feine Ringe schneiden.

2|Olivenöl und Ahornsirup in einen Topf geben, bei schwacher Hitze verrühren. Tofu, Kastanien und Pilze dazugeben, mit Essig ablöschen und mit der Sojasauce abschmecken. Mit 1 Liter Wasser auffüllen, zum Kochen bringen und den Lauch hinzufügen. Die Speisestärke mit etwas Wasser verrühren, die Suppe damit binden und nochmals aufkochen lassen. Vor dem Servieren mit Salz und Pfeffer abschmecken.

Beurteilung nach TCM

Der thermisch kühl wirkende Tofu wird durch die thermisch warm wirkenden Kastanien ausgeglichen. Es fehlt das Feuerelement, was man durch Roggenbrot hinzufügen könnte. Tofu ist Sojaquark; er spendet wie Fleisch und Fisch sehr viel Eiweiß, wirkt aber im Gegensatz zu diesen kühlend. Dies kann bei Vegetariern leicht zu einer zu kühlen Ernährung führen – vor allem, wenn neben dem Tofu weitere thermisch kühl wirkende Lebensmittel wie beispielsweise Rohkost und Salate gegessen werden. Kalte Hände und Füße sind die möglichen Folgen.

Karotten-Ingwer-Süppchen

Zubereitung

1|Schalotten abziehen und fein würfeln, Karotten waschen, putzen und in Scheiben schneiden. Ingwer schälen und raspeln. Die Limette auspressen.

2|Die Butter in einem Topf zerlassen und die Schalotten darin andünsten. Karotten, Ingwer und Zucker dazugeben und alles glasig dünsten. Mit Gemüsebrühe ablöschen und in 15 bis 20 Minuten weich dünsten.

3|Saure Sahne einrühren. Die Suppe mit dem Stabmixer pürieren, anschließend durch ein Sieb passieren. Mit Salz, Pfeffer und Limettensaft abschmecken. Vor dem Servieren nochmals leicht erhitzen und nach Belieben mit Koriandergrün und feinen Karotten- sowie Limettenraspeln garnieren.

Zutaten für 4 Personen

2 Schalotten
400 g Karotten
20 g frischer Ingwer
1 unbehandelte Limette
1 EL Butter
2 TL Zucker
1 l Gemüsebrühe
250 g saure Sahne
Salz, Pfeffer

Zubereitungszeit:
15 Minuten

Beurteilung nach TCM

Die Thermik ist neutral. Für das fehlende Feuerelement könnte ein wenig Ziegenkäse vor dem Servieren in die Suppe gegeben werden. Die Karotte wird auch als Ginseng der Gemüse bezeichnet, da sie die Energie des Körpers und des Verdauungstraktes bewahrt und aufbaut. Karotte baut auch Blut auf und saniert den Darm.

Blumenkohl und Champignons à la grecque

Zutaten für 4 Personen

1 kleiner Blumenkohl
250 g Champignons
3 Tomaten
2 Schalotten
2 Knoblauchzehen
2 Zweige Thymian
2 Stängel Petersilie
8 Basilikumblätter
60 ml Olivenöl
125 ml trockener Weißwein
1 TL Tomatenmark
15 Korianderbeeren
1 Lorbeerblatt
2 Nelken
Salz, Pfeffer
Salat der Saison zum
  Garnieren

Zubereitungszeit:
30 Minuten
Garzeit: 20–30 Minuten

Zubereitung

1 | Den Blumenkohl waschen, putzen und in kleine Röschen teilen. Die Champignons putzen und je nach Größe halbieren oder vierteln. Die Tomaten häuten, von den Stielansätzen befreien, entkernen und in 0,5 Zentimeter große Würfel schneiden. Schalotten und Knoblauch abziehen und fein würfeln. Thymian und Petersilie waschen und trockenschütteln. Die Blätter abzupfen und fein hacken. Die Basilikumblätter in feine Streifen schneiden.

2 | Das Öl in einer Kasserolle erhitzen und Schalotten und Knoblauch darin andünsten. Blumenkohl und Champignons dazugeben und kurz mitdünsten. Weißwein, Tomatenwürfel, Tomatenmark, Korianderbeeren, Lorbeer, Thymian und Nelken hinzufügen, mit Salz und Pfeffer würzen. Die Kasserolle schließen und alles 20 bis 30 Minuten köcheln lassen. Am Ende der Garzeit Basilikum und Petersilie untermischen.

3 | Vier Teller mit Salat der Saison garnieren. Die Blumenkohl-Champignon-Mischung lauwarm oder kalt darauf anrichten. Zu Terrine oder einem kalten Büfett servieren.

Beurteilung nach TCM

Es sind alle Geschmäcker vertreten, Metall und Erde überwiegen leicht. Blumenkohl nährt das Lungen-Yin (Substanz) und fördert die Darmpassage bei Verstopfung durch Trockenheit. Die Kombination der kühlenden Gemüsesorten und der wärmenden Gewürze ergibt ein thermisch ausgewogenes Essen. Der thermisch erfrischende Blumenkohl kühlt Magen und Lunge und hilft so z. B. bei Magenschleimhautentzündung – dann allerdings sollten Sie die Nelken weglassen.

Gefüllte Champignons

Zutaten für 4 Personen
4 große Champignons
150 g kleinere Champignons
1 Karotte
20 g Lauch
20 g Speck
2 Schalotten
4 Stängel Petersilie
2 Zweige Thymian
1 EL Olivenöl
Salz, Pfeffer

Zubereitungszeit:
10 Minuten
Garzeit: 10 Minuten

Zubereitung

1 | Stiel und Lamellen der großen Champignons entfernen, die Pilzhüte waschen. Die kleineren Champignons ebenfalls waschen, klein hacken.

2 | Karotte und Lauch waschen und putzen, die Schalotten abziehen. Die Karotte in kleine Würfel, den Lauch in sehr feine Scheiben schneiden, Speck und Schalotten klein würfeln. Petersilie und Thymian waschen und trockenschütteln. Die Blätter abzupfen und fein hacken.

3 | Das Olivenöl in einer Pfanne erhitzen und Schalotten, Karotten, Lauch sowie Speck darin glasig anschwitzen. Die gehackten Pilze dazugeben, mit Salz und Pfeffer würzen. Etwa 5 Minuten dünsten lassen, bis die Pilzflüssigkeit verdampft ist. Petersilie und Thymian dazugeben und untermischen. Die Masse in die vier großen Champignons verteilen.

4 | Die Champignons in eine ofenfeste Auflaufform setzen und bei 180 °C (Gas Stufe 2–3) etwa 10 Minuten garen.

Beurteilung nach TCM

Der fehlende saure Geschmack könnte mit saurer Sahne oder einer Tomate in der Füllung ergänzt werden. Die Thermik ist ausgeglichen. Champignons wirken kühlend und harntreibend.

    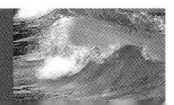

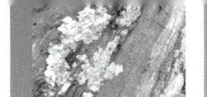

Der Buchweizen verleiht diesen Ravioli einen etwas herberen Geschmack
als herkömmlicher Weizen.

Beurteilung nach TCM

Alle Geschmäcker sind vertreten. Die thermisch warmen Gewürze
und der warm wirkende Parmesan gleichen das thermisch kühlende
Weizenmehl, den Ricotta und das Gemüse aus. Buchweizen wirkt
erwärmend, stärkt die Verdauung und hilft bei Arteriosklerose.

Buchweizenravioli

Zubereitung

1 | Pilze im Mixer zermahlen. Mit Buchweizen, Weizenmehl und Salz vermischt auf eine Arbeitsfläche häufen, in die Mitte eine Vertiefung drücken. Eier und 5 bis 6 Esslöffel Wasser dazugeben und mit einer Gabel mit dem Mehl verquirlen. Mit den Händen so lange kneten, bis der Teig glatt ist und leicht glänzt. Zu einer Kugel formen und mit einem Tuch bedeckt 30 Minuten ruhen lassen.

2 | Für die Füllung Aubergine und Zucchini waschen und putzen. Erst in dünne Scheiben, dann in kleine Würfel schneiden. Die Paprikaschote halbieren, putzen, entkernen, waschen und ebenfalls klein würfeln. Das Öl erhitzen und das Gemüse darin anbraten. Mit Thymian, Salz und Pfeffer würzen. Etwas abgekühlt unter den Ricotta mischen.

3 | Den Teig am besten mit einer Nudelmaschine (sonst mit dem Nudelholz) zu etwa 10 Zentimeter breiten Bändern ausrollen, die Teigstreifen nebeneinander legen. Mit einem Teelöffel kleine Häufchen der Ricotta-Füllung darauf setzen. Rundum mit etwas Eiweiß bestreichen und mit einer zweiten Teigplatte bedecken. Teig rund um die Füllung festdrücken, mit einem Teigrädchen viereckig ausschneiden oder rund ausstechen. Reichlich Salzwasser zum Kochen bringen und die Teigtäschchen darin 6 bis 8 Minuten garen.

4 | Für die Sauce Zwiebel und Knoblauch abziehen und klein würfeln. Zucchini waschen und putzen. Die Chilischote längs halbieren, putzen, entkernen und abbrausen. Beides ebenfalls klein würfeln. Das Öl in einer Pfanne erhitzen, Zucchini- und Chiliwürfel darin andünsten. Mit Brühe aufgießen und mit Thymian, Salz und Pfeffer würzen. Kurz durchkochen lassen.

5 | Die Teigtäschchen mit einem Schaumlöffel aus dem Kochwasser heben, abtropfen lassen und in die Sauce geben. Kurz durchschwenken und anrichten. Den Parmesan hobeln und vor dem Servieren über die Ravioli streuen.

Zutaten für 4 Personen

Für den Nudelteig:
30 g getrocknete Steinpilze
150 g Buchweizenmehl
150 g Weizenmehl
Salz
2 Eier (Größe M)

Für die Füllung:
1 kleine Aubergine
2 kleine Zucchini
1 rote Paprikaschote
3 EL Olivenöl
1 TL gehackte Thymianblätter
Salz, Pfeffer
300 g Ricotta

Außerdem:
1 Eiweiß zum Bestreichen
Salz
1 Zwiebel
1 Knoblauchzehe
2 kleine Zucchini
1 rote Chilischote
4 EL Olivenöl
100 ml Fleischbrühe (selbst gemacht oder Instant)
1 TL gehackte Thymianblätter
Pfeffer
50 g Parmesan am Stück

Zubereitungszeit:
30–40 Minuten
Ruhezeit: 30 Minuten

Kürbisrisotto

Zutaten für 4 Personen

300 g Kürbisfleisch

2 Schalotten

60 g Butter

300 g Risotto-Reis
  (z. B. Arborio, Carnaroli)

1 Zweig Rosmarin

1 Messerspitze Safranpulver

Etwas abgeriebene Schale
  einer unbehandelten Orange

1 l heiße Fleischbrühe
  (Instant)

100 g Fontina-Käse
  (ersatzweise Butterkäse)

Salz, Pfeffer

Einige Basilikumblätter
  zum Garnieren

Zubereitungszeit:
15 Minuten
Garzeit:
Ca. 20 Minuten

Zubereitung

1|Kürbis in Würfel schneiden. Schalotten abziehen, klein würfeln und in 40 Gramm aufgeschäumter Butter glasig dünsten. Kürbis und Reis dazugeben, mitdünsten. Rosmarin waschen und trockenschütteln. Zusammen mit Safran und Orangenschale zum Reis geben und mit etwas kochend heißer Brühe begießen. So lange leicht köcheln lassen, bis die Flüssigkeit aufgesogen ist. Dann erneut mit Brühe begießen und so fortfahren, bis der Risotto bissfest und cremig ist.

2|Den Fontina-Käse grob raspeln und mit der restlichen Butter unter den Risotto mischen. Mit Salz und Pfeffer würzen, kurz durchziehen lassen und den Rosmarinzweig entfernen. Mit Basilikumblättchen garniert servieren.

Beurteilung nach TCM

Die Thermik ist ausgeglichen, alle Geschmacksrichtungen sind vertreten. Kürbis wirkt thermisch erwärmend, er stärkt Abwehrkraft und Verdauung.

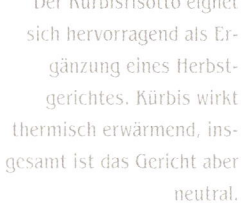

Der Kürbisrisotto eignet sich hervorragend als Ergänzung eines Herbstgerichtes. Kürbis wirkt thermisch erwärmend, insgesamt ist das Gericht aber neutral.

Gnocchi in Roter Bete und Mohn

Zubereitung

1 | Für die Gnocchi die Kartoffeln waschen, in Salzwasser garen und im Ofen bei 120 °C (Gas Stufe 1) etwa 15 Minuten trocknen lassen. Noch heiß pellen. Sofort durch eine Kartoffelpresse drücken und handwarm abkühlen lassen. Eigelb, Salz, Pfeffer, Muskatnuss und Mehl dazugeben und gut verrühren, bis ein geschmeidiger und formbarer Teig entstanden ist. Mit mehligen Händen den Teig zu vier dicken Rollen formen und etwa 2 Zentimeter große Stücke davon abschneiden. Mit den Handballen zu Gnocchi formen, mit einer Gabel Rillen hineindrücken. Die Gnocchi auf ein mit Mehl bestäubtes Blech legen und ruhen lassen.

2 | Rote Beten schälen und in feine Streifen schneiden. Schalotte abziehen und klein würfeln. Öl und Butter aufschäumen lassen und die Schalotten darin glasig dünsten. Die Gemüsestreifen dazugeben und kurz schwenken. Mit Essig und Rotwein ablöschen. Auf etwa die Hälfte einkochen lassen und mit Salz und Pfeffer würzen.

3 | Die Gnocchi in kochendem Salzwasser so lange garen, bis sie oben schwimmen. Mit einer Schaumkelle herausnehmen und gut abtropfen lassen. Die Sauce auf vier Teller geben und die Gnocchi darauf anrichten. Mit Mohn und Schnittlauch bestreut servieren.

Zutaten für 4 Personen

800g mehlig kochende
  Kartoffeln
Salz
2 Eigelbe (Größe M)
Pfeffer
Frisch geriebene Muskatnuss
180 g Mehl
2 gekochte Rote Beten
1 Schalotte
2 EL Olivenöl
20 g Butter
1 EL Balsamicoessig
100 ml Rotwein
2 EL grob gehackter Mohn
Etwas fein geschnittener
  Schnittlauch zum Garnieren

Zubereitungszeit:
30 Minuten

Beurteilung nach TCM

Das Gericht ist thermisch neutral bis erwärmend und eignet sich für kühlere Sommertage. Alle Geschmäcker sind vertreten. Rote Bete kühlt das Blut, baut Blut auf, unterstützt die Verdauung und beruhigt einen hitzigen Geist.

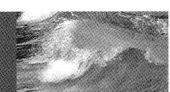

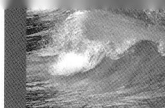

Warmer Ziegenkäse im Brickteig

Zutaten für 4 Personen

120 g Ziegenkäse

4 Stück Brickteigblätter
(im Asialaden oder
türkischen Fachhandel
erhältlich)

1 TL Thymian

4 Lauchstreifen, 15–20 cm
lang und 3–4 mm breit

Salat der Saison und mildes
Dressing zum Garnieren

Zubereitungszeit:
20 Minuten

Garzeit: 10 Minuten

Zubereitung

1|Den Ziegenkäse in die Mitte des Brickteigs legen, mit etwas Thymian bestreuen. Den Teig zu einem Säckchen falten und mit den Lauchstreifen zusammenbinden.

2|Im vorgeheizten Backofen (200 °C, Gas Stufe 3–4) etwa 5 Minuten backen. In der Zwischenzeit vier Teller mit etwas Salat der Saison und einem milden Dressing garnieren. Die Käsetaschen auf den Tellern anrichten und servieren.

Beurteilung nach TCM

Die Thermik ist eher erwärmend. Um dies auszugleichen, könnte ein Salat dazu gereicht werden, oder man könnte etwas Weißwein dazu trinken. Es fehlen Holz- und Wasserelement. Auf das Holzelement wird verzichtet, um nicht zu sehr zu befeuchten. Für das Wasserelement könnte etwas Sojasauce auf die Säckchen geträufelt werden. Ziegenkäse ist besser verdaulich als Kuhmilchkäse.

 木 火  土 金  水

Flammkuchen – so einfach zubereitet und doch so überraschend köstlich!

Flammkuchen

Zubereitung

1 | Den Teig sehr dünn ausrollen und auf ein Backblech legen. Den Sauerrahm kräftig mit Salz, Pfeffer und Muskatnuss würzen und dünn auf dem Teig verstreichen.

2 | Die Zwiebeln abziehen und in feine Scheiben schneiden. Den Sauerrahm auf dem Teig verteilen und mit Zwiebeln und Speck belegen. Das Ganze im vorgeheizten Backofen bei 250 bis 300 °C (Gas Stufe 6–7) backen. Der Kuchen sollte höchstens 2 bis 3 Minuten im Ofen bleiben.

Zutaten für 4 Personen

500 g Sauerteig (vom Bäcker)

400 g Sauerrahm

Salz, Pfeffer

Muskatnuss

2 große Zwiebeln

60 g klein geschnittene, geräucherte Speckwürfel

Zubereitungszeit:
15 Minuten

Beurteilung nach TCM

Dies ist ein typisches badisch-elsässisches Gericht und wird nicht abgeändert. Um alle Elemente dabei zu haben, empfiehlt es sich, einen gemischten Salat aus Blattsalat (Feuerelement) und geraspelter Karotte (Erdelement) dazu zu genießen. Das Gericht ist thermisch neutral. Wenn es mit dem Salat gegessen wird, ist es thermisch kühler und eignet sich für wärmere Tage.

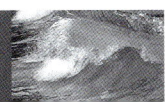

木 火 土 金 水

Calamari im Wok mit Gemüse und Min-Nudeln

Zutaten für 4 Personen

250–300 g küchenfertige
  Calamari

1 kleine Zwiebel

1–2 Knoblauchzehen

1 Karotte

1 Stange Staudensellerie

1/2 Lauchstange

1/2 Fenchelknolle

2–3 Blätter Spitzkohl
  (Chinakohl)

2–4 Tomaten

200 g Min-Nudeln

Salz

4 Stängel Koriander

2 EL Olivenöl

50 g Sojasprossen

1 Messerspitze chinesische
  Gewürzmischung

Pfeffer

1 EL Niok-Mamm

1 TL Sojasauce

1 EL Öl von geröstetem
  Sesam

Etwas gehackter Kerbel
  und gehackte Petersilie

Zubereitungszeit:
30 bis 45 Minuten

Zubereitung

1|Calamari in 2 bis 3 Millimeter dicke, längliche Streifen schneiden. Zwiebel und Knoblauch abziehen, das Gemüse (bis auf die Tomaten) waschen und putzen. Alles in sehr feine Streifen (Juliennes) schneiden. Die Tomaten häuten, von den Stielansätzen befreien, entkernen und in kleine Würfel schneiden.

2|Die Nudeln in leicht kochendem Salzwasser 1 bis 2 Minuten kochen, anschließend sofort abgießen und abkühlen lassen. Den Koriander waschen und trockenschütteln. Die Blättchen von den Stängeln zupfen und fein hacken.

3|In einer Wokpfanne das Öl erhitzen. Die Calamari bei großer Hitze (das Öl darf aber nicht rauchen) kurz sautieren, die Gemüsejuliennes, die Tomatenwürfel und die Sprossen dazugeben und 2 Minuten mitsautieren. Mit Chinagewürz, Salz und Pfeffer würzen. Niok-Mamm, Sojasauce und Sesamöl hinzufügen, Kerbel, Petersilie und Koriander darüber streuen. Das Ganze gut vermengen. Vor dem Servieren die Nudeln dazugeben und nochmals mit Salz und Pfeffer abschmecken.

Beurteilung nach TCM

Alle Geschmäcker sind vertreten. Es könnte noch etwas frischer Ingwer hinzugefügt werden, um die Verdauung noch mehr anzuregen. Die Thermik ist ausgeglichen. Der Tintenfisch (Calamari) wirkt thermisch kalt; er baut Körpersäfte und Energie auf.

Thunfisch mit Minze und Ingwer

Zubereitung

1 | Die Zutaten für die Sauce gut miteinander verrühren, 1 bis 2 Stunden ziehen lassen. Anschließend durch ein feines Sieb passieren.

2 | Die Zitrone auspressen. Den Thunfisch abbrausen und trockentupfen. Zur Stabilisierung (so bleibt er gerade und wird gleichmäßig gar) längs auf Bambusstöckchen spießen. Sehr wenig Öl in einer Pfanne stark erhitzen und den Thunfisch darin zuerst auf der Hautseite kross braten und anschließend wenden. Das Thunfischfleisch sollte nicht komplett durchgebraten sein. In kaltem Wasser gut abwaschen und trockentupfen. In 7 bis 8 Millimeter dicke Scheiben schneiden, mit Zitronensaft beträufeln und 30 Minuten ziehen lassen.

3 | Basilikum- und/oder Minzeblätter fein hacken. Knoblauch abziehen, Ingwer schälen und beides ebenfalls fein hacken. Kräuter, Knoblauch und Ingwer gut miteinander vermengen.

4 | Die Thunfischscheiben wieder zu einem ganzen Stück zusammenlegen. Eine Seite mit der Kräutermarinade dick belegen. Den Chicorée waschen, putzen und in feine Streifen schneiden. Den Rettich waschen, putzen und in etwa 5 Zentimeter dicke Stücke schneiden. Mit den Chilischoten spicken und beides zusammen raspeln. Den Fisch auf vier Tellern anrichten und mit dem Chicorée sowie dem Rettich garnieren. Die Sauce dazu servieren. Dazu passt Reis.

Zutaten für 4 Personen

Für die Sauce:
7 EL Sojasauce
5 EL Reisessig
7 EL Zitronensaft
1 Stück Konbu-Alge
   (ca. 2–3 cm)

Für den Fisch:
1 Zitrone
450 g Thunfisch am Stück
   mit Haut
Wenig Öl zum Anbraten
Etwa 20 Blätter Basilikum
   oder Minze oder beides
1 Knoblauchzehe
1 Stück Ingwer (ca. 5 cm)
1 Chicoréestaude
100 g weißer Rettich
2–3 Chilischoten (je nach
   Schärfe und Größe)

Zubereitungszeit:
20 Minuten
Marinierzeit: 1,5–2,5 Stunden

Beurteilung nach TCM

Der thermisch warm wirkende Thunfisch wird durch die thermisch kalt wirkende Sauce und den Chicorée ausgeglichen. Es sind alle Geschmäcker vertreten. Thunfisch entfeuchtet den Körper und hilft so bei rheumatischen Beschwerden. Zudem baut er Blut und Körperenergien auf.

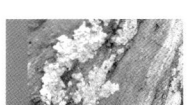    

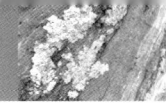

Zutaten für 4 Personen

1 Vanilleschote

7 EL Olivenöl

120 g neue Zwiebeln,
   Frühlingszwiebeln oder
   Schalotten

1/2 Knoblauchzehe

3 Zweige getrockneter
   Fenchel

Salz, Pfeffer

60 g Butter

Saft von 1 Zitrone

2 kleine feste Zucchini

4 Zanderfilets à 150 g

Rosenblätter zum Garnieren

2–3 Basilikumblätter

Zubereitungszeit:
20 bis 30 Minuten

Zubereitung

1|Die Vanilleschote längs aufschneiden, das Mark herauskratzen. 3 Esslöffel Öl in einer Kasserolle erhitzen und das Vanillemark dazugeben. 3 Minuten leicht erwärmen, beiseite stellen.

2|Die Zwiebeln abziehen und in feine Scheiben schneiden. Den Knoblauch abziehen und zerdrücken. 2 Esslöffel Olivenöl erhitzen und Zwiebeln, Knoblauch sowie Fenchel darin anschwitzen, ohne das Gemüse bräunen zu lassen. 25 Zentiliter Wasser zugeben, mit Salz und Pfeffer würzen, 10 Minuten köcheln lassen. Die Fenchelstangen herausnehmen und beiseite stellen.

3|Die Zwiebeln mit dem Stabmixer schaumig pürieren. Mit einem Schneebesen die kalte Butter unterschlagen, mit Zitronensaft, Salz und Pfeffer abschmecken.

4|Zucchini waschen, putzen und in dünne Streifen schneiden. In 1 Esslöffel Olivenöl kurz sautieren, die Zucchini dürfen keine Farbe bekommen. Mit Salz und Pfeffer abschmecken.

5|Zanderfilets kalt abbrausen und trockentupfen. Salzen und pfeffern und in dem restlichen Olivenöl von beiden Seiten 1 bis 2 Minuten anbraten. Rosenblüten und Basilikum in feine Streifen schneiden, das Basilikum mit den Zucchinistreifen vermischen. In der Mitte von vier vorgewärmten Tellern anrichten, das Zanderfilet darauf legen, die warme Zwiebelsauce drumherum gießen und das leicht erwärmte Vanille-Olivenöl tropfenweise darüber geben. Vor dem Servieren mit den Rosenblüten und den Fenchelzweigen garnieren. Dazu passt Reis.

Beurteilung nach TCM

Das Gericht wirkt eher erwärmend, durch den Reis kann dies jedoch gut ausgeglichen werden. Für das fehlende Feuerelement könnte man einen grünen Tee nach dem Essen trinken. Vanille wirkt erwärmend, entfeuchtet und unterstützt die Verdauung.

木 火 土 金 水

Zanderfilet in Vanilleöl

Das Vanille-Olivenöl verleiht diesem Zandergericht eine ganz ungewöhnliche Note.

木 火 土 金 水

木　火　土　金　水

Couscous mit Lammfleisch

Zutaten für 4 Personen

400 g Couscous
4 EL Olivenöl
1 Zwiebel
4 Knoblauchzehen
2 große reife Tomaten
1 rote oder grüne
   Paprikaschote
2 Zucchini
2 Karotten
1 kleines Stück Rübe
1 Fenchelknolle
2 Zweige Thymian
1 Zweig Rosmarin
1,2 kg Lammschulter
   oder -hals
2 EL Tomatenmark
Salz, Pfeffer
1 kleine Tube Harissa
   (scharfe Chilipaste)
1 kleine Dose
   Kichererbsen
1 EL Rosinen

Zubereitungszeit:
30 bis 40 Minuten
Garzeit: 40–50 Minuten

Zubereitung

1 | Couscous in eine Schale geben, mit 2 Esslöffeln Olivenöl und 10 Zentiliter Wasser beträufeln. Das Ganze mit einer Gabel gut verrühren und etwa 5 Minuten quellen lassen.

2 | Zwiebel und Knoblauch abziehen und hacken. Tomaten waschen, von Stielansätzen befreien und vierteln. Die Paprikaschote waschen, putzen und in 1,5 Zentimeter dicke Streifen schneiden. Zucchini, Karotten und Rübe waschen, putzen und in 2 Zentimeter dicke Stäbchen scheiden. Den Fenchel waschen, putzen und halbieren. Thymian und Rosmarin waschen und trockenschütteln. Die Blättchen bzw. Nadeln von den Zweigen streifen und fein hacken.

3 | Das Lammfleisch abspülen, trockentupfen und in 5 Zentimeter große Würfel schneiden. Das restliche Olivenöl in einer hohen Kasserolle erhitzen und das Lammfleisch darin goldbraun anbraten. Zwiebeln und Knoblauch dazugeben und etwa 2 Minuten mitdünsten. Tomatenmark und Gemüse (außer Tomaten und Zucchini) hinzufügen, mit 1 bis 1,5 Liter Wasser bedecken, mit Salz, Pfeffer, Thymian und Rosmarin würzen und einen halben Teelöffel Harissa dazugeben.

4 | Ein Sieb auf die Kasserolle setzen und eventuell mit einem Tuch auslegen, falls die Sieblöcher zu groß sind. Den Couscous darauf geben (eventuell das Tuch dann darüber legen). Das Ganze mit einem Deckel gut verschließen und etwa 30 Minuten köcheln lassen.

5 | Den Couscous aus dem Sieb nehmen und in eine Schüssel geben. Mit einer Gabel auflockern und mit 10 Milliliter Wasser wieder anfeuchten. Wieder in das Sieb geben. Zucchini, Kichererbsen und Tomaten in die Kasserolle geben, den Couscous im Sieb darauf setzen, mit dem Deckel verschließen und weitere 15 Minuten köcheln lassen. Den Couscous erneut in einer Schüssel auflockern, mit 10 Milliliter Wasser befeuchten und 15 Minuten köcheln lassen.

An sehr heißen Tagen kann dieses Gericht gut mit einem Salat ergänzt werden. Der Garpunkt des Gerichts richtet sich immer nach dem Fleisch.

6|Vor dem Servieren den Couscous erneut auflockern und die Rosinen untermengen. Den Couscous separat in einer Schüssel anrichten, das Gemüse mit der Brühe und dem Fleisch in einer großen Suppenschüssel servieren. Die restliche Harissa mit etwas Brühe verdünnen und in einer Saucière dazu reichen.

Beurteilung nach TCM

Alle Geschmäcker sind vertreten. Mit der Harissa sollte sparsam umgegangen werden, sonst ist die thermische Wirkrichtung des Gerichts erwärmend, da das Lammfleisch schon heiß ist. Wenn der kühlende Aspekt mehr in den Vordergrund treten soll, könnten zusätzlich Sojasprossen hinzugefügt werden.

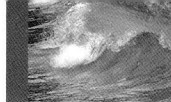

Würziges Hähnchen orientalische Art

Zutaten für 4 Personen

4 Hähnchenbrüste oder
 -keulen

1 Messerspitze Kardamom

1 TL Curry

2 Nelken

1 Messerspitze Zimt

1 EL Essig

150 g Naturjoghurt

Salz, Pfeffer

1–2 Zwiebeln

2 Tomaten

1/2 Paprikaschote

1 EL Olivenöl

Zubereitungszeit:
20 Minuten
Marinierzeit: 4–5 Stunden

Zubereitung

1 | Das Geflügel unter fließendem kaltem Wasser abspülen und trockentupfen. Kardamom, Curry, Nelken, Zimt, Essig, Joghurt, Salz und Pfeffer vermengen und die Hähnchenbrüste oder -keulen darin 4 bis 5 Stunden im Kühlschrank marinieren lassen.

2 | Die Zwiebeln abziehen, die Tomaten häuten, von den Stielansätzen befreien und entkernen. Die Paprikaschote putzen und waschen. Alles zusammen in kleine Würfel schneiden.

3 | Das Olivenöl in einer Pfanne erhitzen und das Gemüse darin anbraten. Das Hühnchenfleisch mit der Marinade dazugeben. 30 bis 40 Minuten auf dem Herd oder im Backofen (180 °C, Gas Stufe 2–3) garen. Dazu passen Vollkornreis, Maisküchle oder Dinkel.

Beurteilung nach TCM

Bis auf das Feuerelement sind alle Elemente vertreten, mit etwas Kurkuma könnte man dieses zusätzlich aufnehmen. Eine ähnliche Wirkung hätte ein Espresso nach dem Essen. Die Thermik ist etwas erwärmend, Joghurt, Tomaten und Paprika gleichen das warme Hühnchenfleisch und die heißen und wärmenden Kräuter etwas aus. Mit Reis als Beilage wäre das Gericht fast neutral. Es bietet sich eher an kühleren Tagen an.

木 火 土 金 水

Geschnetzeltes Kalbfleisch asiatische Art

Zubereitung

1|Das Kalbfleisch abspülen, trockentupfen und in etwa 3 Millimeter breite Streifen schneiden. Wirsing, Sellerie und Lauch waschen, putzen und in feine Streifen (Juliennes) schneiden. Den Ingwer schälen und fein würfeln. Die Shiitakepilze putzen und in kleine Stücke schneiden. Das Zitronengras in feine Streifen schneiden. Die Schale der Limette fein abreiben.

2|Fleisch, Gemüse und Limettenschale in eine Schüssel geben, Joghurt, Curry, Asia-Gewürz, Ingwer, Salz und Pfeffer hinzufügen, alles gut vermengen und etwa 10 Minuten ruhen lassen.

3|Das Öl in einer Pfanne erhitzen, die Fleisch-Gemüse-Mischung kurz darin anbraten, aus der Pfanne nehmen und auf einer Platte warm halten. Die Shiitakepilze in etwas Öl anschwitzen, den Honig dazugeben, mit Essig und Kalbsbratenfond ablöschen. Das Zitronengras dazugeben und alles 1 bis 2 Minuten köcheln lassen. Mit Salz und Pfeffer abschmecken. Fleisch-Gemüse-Mischung sowie Pilze auf vier Tellern anrichten und mit der Pilzsauce nappieren. Dazu passt Reis.

Zutaten für 4 Personen

600 g Kalbsnuss
2 Wirsingblätter
1 Stange Staudensellerie
1/2 Lauchstange
1 Stück Ingwerwurzel
100 g Shiitakepilze
1 Stängel Zitronengras
1/2 Limette
150 g Naturjoghurt
1 Messerspitze Curry
1 Messerspitze Asia-Gewürz
Salz, Pfeffer
1 EL Sesamöl
1 TL Honig
1 TL Honig- oder Apfelessig
20 ml Kalbsbratenfond

Zubereitungszeit:
30 Minuten
Ruhezeit: ca. 10 Minuten

Beurteilung nach TCM

Das Gericht ist neutral bis erwärmend. Mit dem Reis ist die Thermik ausgewogen. Um das fehlende Feuerelement auszugleichen, empfehlen wir einen grünen Salat zum Kalbsgeschnetzelten. Kalbfleisch ist leicht zu verdauen und stärkt die Verdauungskraft sowie die Resorption der Nährstoffe.

Die feinen Kalbsrouladen können schon am Abend vorher zubereitet
und in Alufolie im Kühlschrank aufbewahrt werden.

Beurteilung nach TCM

Die Thermik ist ausgeglichen. Eine starke Betonung liegt auf dem Erdelement. Um die Geschmacksrichtungen bitter und sauer ebenfalls zu berücksichtigen, könnte man einen Espresso danach bzw. grünen Tee dazu trinken oder einen Blattsalat dazu essen. Als sauer wirkendes Dessert bietet sich Rhabarberkompott an. Polenta ist Maisgrieß; dieser beruhigt den Körper, unterstützt die Verdauung und nährt positive Körpersäfte.

Kalbsscaloppine in Salbei mit Olivenpolenta

Zutaten für 4 Personen

Salz

120 g Maisgrieß (Polenta)

200 g Butter

20 Salbeiblätter

8–12 kleine, dünn geklopfte
Kalbsschnitzel à 30–50 g

Pfeffer

16–24 hauchdünne Scheiben
leicht gesalzener frischer
Schweinebauch

3–4 EL Olivenöl

1/2 l trockener Weißwein

8 EL Fleischbratenjus
oder Kalbssauce

4 EL entsteinte schwarze
Oliven

Zubereitungszeit:

25 Minuten

Garzeit für die Polenta:

40–45 Minuten

Zubereitung

1|Etwa 0,5 Liter Wasser in einer Kasserolle aufkochen und 6 bis 8 Gramm Salz dazugeben. Den Maisgrieß mit dem Schneebesen und anschließend 150 Gramm Butter hineinrühren. 6 Salbeiblätter dazugeben und das Ganze bei sehr geringer Hitze im geschlossenen Topf 40 bis 45 Minuten ziehen lassen (nicht umrühren).

2|In der Zwischenzeit das Fleisch leicht salzen und pfeffern und mit je einer Speckscheibe belegen. Ein Salbeiblatt darauf legen und das Kalbsschnitzel aufrollen. Je eine weitere Speckscheibe um die Roulade wickeln und mit einem Zahnstocher fixieren.

3|1 bis 2 Esslöffel Olivenöl und etwas Butter in einer Pfanne erhitzen und die Rouladen darin 4 bis 5 Minuten goldbraun braten. Aus der Pfanne nehmen, beiseite stellen. Das überschüssige Fett aus der Pfanne gießen, es darf maximal 1 Esslöffel Fett verbleiben. Mit dem Weißwein ablöschen und einkochen lassen, bis der Wein ausgekocht ist. Den Fleischbratenjus angießen und alles einmal aufkochen. Das Fleisch dazugeben und 5 Minuten leicht ziehen lassen. Die restliche kalte Butter in kleine Stücke schneiden und unterheben. Den restlichen Salbei fein hacken und dazugeben, nicht mehr kochen lassen.

4|Die Oliven sowie das restliche Olivenöl in die fertige Polenta geben, vorsichtig umrühren. Die Polenta kuchenförmig auf vier Tellern anrichten, die Rouladen auf die Polenta legen und mit der Sauce begossen servieren.

Tipp

Da der Speck schon gesalzen ist, sollten Sie mit Salz vorsichtig sein, eventuell sogar ganz darauf verzichten.

    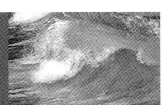

Special –
Menue für die Liebesnacht

Fenchelcarpaccio mit Garnelen

Zubereitung

1|Den Fenchel waschen, putzen und in hauchdünne Scheiben schneiden. Oliven- und Sesamöl mischen. Die Fenchelscheiben kreisförmig auf zwei Tellern anrichten, mit Salz und Pfeffer würzen und mit dem Öl beträufeln.

2|Hummerfond und Mayonnaise mischen, die Hälfte des Pernod dazugeben und mit Salz und Pfeffer abschmecken. Die Sauce in die Mitte der Teller geben.

3|Die Garnelen mit Salz und Pfeffer würzen. Die Butter zerlassen und die Garnelen darin 3 bis 4 Minuten braten. Mit dem restlichen Pernod beträufeln. Die Garnelen auf dem Saucenspiegel anrichten und mit dem Kerbel garniert servieren.

Zutaten für 4 Personen

1/2 Fenchelknolle
2 EL Olivenöl
1 TL Öl von geröstetem
   Sesam
Salz, Pfeffer
30 ml reduzierter
   Hummerfond
1 EL Mayonnaise
10 ml Pernod
6 küchenfertige Garnelen
20 g Butter
Etwas Kerbel zum Garnieren

Zubereitungszeit:
20 Minuten

Beurteilung nach TCM

Die Libido wird nach der TCM von der Nierenkraft gesteuert. Zu den die Nierenkraft tonisierenden Lebensmitteln in diesem Gericht gehören Garnelen, Sesam, Fenchel, Anis (Pernod) und Hummerfond.

 木  火  土 金 水

»Siebenstund«-Lammkeule

Zubereitung

1 | Das Fleisch waschen und trockentupfen und mit Salz und Pfeffer würzen. Den Knoblauch abziehen und in Stifte schneiden. Die Lammkeule damit spicken.

2 | Das Olivenöl in einer Pfanne oder Auflaufform erhitzen und das Fleisch darin goldbraun anbraten. Die restlichen Zutaten dazugeben und das Ganze mit einem Deckel verschließen. Im vorgeheizten Backofen (120–130 °C, Gas Stufe 1) etwa 7 Stunden garen. Falls nötig, während der Garzeit gelegentlich etwas Wasser nachgießen.

Tipp

Dazu passen weiße Bohnen, grüne Stangenbohnen, Prinzessböhnchen oder Artischockenböden – und ein sehr guter Rotwein.

Beurteilung nach TCM

Zu den die Nierenkraft tonisierenden Lebensmitteln in diesem Gericht gehören Lammfleisch, Chili, Frühlingszwiebeln und Nelken.

Zutaten für 4 Personen

500–600 g Lammkeule
Salz, Pfeffer
1 Knoblauchzehe
1 EL Olivenöl
50 g gewürfelte Sellerieknolle
1 Karotte in Scheiben
2 gehackte Frühlingszwiebeln
3 gewürfelte Tomaten
1 unbeh. geviertelte Zitrone
250 ml trockener Weißwein
1 kleines Gewürzsträußchen
   (Thymian, Lorbeer, Nelken)
1 TL Korianderbeeren, zerdrückt
1/2 Stange Zitronengras,
   klein geschnitten
1 Chilischote

Zubereitungszeit:
30 Minuten
Garzeit: ca. 7 Stunden

Birne in Rotwein

Zubereitung

1 | Wein, Gewürze und Zucker in einen Topf geben und etwa 10 Minuten köcheln lassen.

2 | In der Zwischenzeit die Birnen waschen, schälen, halbieren und vom Kerngehäuse befreien. Zum Wein geben und 5 bis 10 Minuten mitgaren. Auf zwei Dessertschalen verteilen und mindestens 2 Stunden ziehen lassen.

Beurteilung nach TCM

Zu den die Nierenkraft tonisierenden Lebensmitteln in dieser Nachspeise gehören Zimt, Anis und Rotwein.

Zutaten für 4 Personen

1/4 l Rotwein
   (Côtes du Rhône oder
   kräftiger Spätburgunder)
1 Vanilleschote
1 kleine Zimtstange
1 Anisstern
40 g Zucker
2 kleine Williams-Christ-Birnen

Zubereitungszeit:
20 Minuten
Ruhezeit: 2 Stunden

    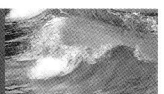

Der gesunde Start in den Tag

Das Frühstück sollte die wichtigste Mahlzeit des Tages sein. Doch blickt man auf den üblichen Frühstückstisch, findet man entweder gar nichts oder schwarzen Kaffee, Brot mit Marmelade oder Wurst, vielleicht ein Müsli oder Cornflakes.

Auf der Organuhr (siehe S. 26f.) zeigt sich, dass die Verdauungsorgane besonders gut morgens (bis mittags) arbeiten und dass am Nachmittag die Nährstoffe aufgenommen und weiterverarbeitet werden. Ein reichhaltiges Abendessen macht zwar satt, die Nahrung bleibt jedoch über Nacht nur teilweise verdaut im Verdauungstrakt liegen. Dabei kann es zu Gärungsprozessen kommen. Völlegefühl und unangenehme Blähungen sind die Folgen.

Wenn Sie morgens und mittags eine gekochte, vollwertige Mahlzeit zu sich nehmen, unterbrechen Sie den Teufelskreis von morgendlichem Völlegefühl und abendlichem Hunger. Am Morgen kann der Körper schon vollwertige, eiweißreiche Nahrung vertragen. Sie hat die Eigenschaft, den Körper zu nähren, damit er tagsüber etwas leisten kann. Ein weiterer, angenehmer Nebeneffekt: Die Nährstoffe werden über den Tag verstoffwechselt, sie machen nicht dick.

Wichtigste Grundlage des Frühstücks sollten demnach gekochte Getreide wie Hirse, Reis oder Polenta sein, je nach Jahreszeit kombiniert mit Gewürzen, Gemüse, Fleisch, Kompott, getrockneten Früchten oder frischen Früchten der Saison. Hirse kann auch mit Rührei kombiniert werden, das gibt dem Körper Kraft und Energie. Bei Schlafstörungen kann Weizen das richtige Getreide für den Morgen sein. Im Winter geben Brühen und Eintöpfe Kraft. Auf jeden Fall sollte der Verdauungstrakt durch thermisch wärmende Nahrungsmittel sowie mit Nahrung angeregt werden, die lange satt macht.

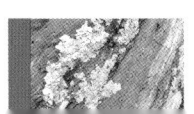    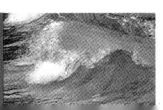

Frischer Lachs mit Meerrettich

Zutaten für 1 Personen

1 hauchdünne Scheibe Lachs
Salz, Pfeffer
1/2 Limette oder Zitrone
Etwas Olivenöl
2–3 Korianderbeeren
Einige Schnittlauchröllchen
Etwas Kerbel
Etwas Basilikum
1/2 TL geriebener Meerrettich

Zubereitungszeit:
10 Minuten

Zubereitung

1|Die Lachsscheibe mit etwas Salz und Pfeffer würzen. Die Limette oder Zitrone auspressen und etwas Saft sowie einige Tropfen Olivenöl über den Lachs träufeln.

2|Die Korianderbeeren zerdrücken. Den Lachs mit Schnittlauch, Koriander, Kerbel und Basilikum garniert servieren und geriebenen Meerrettich dazu reichen.

Tipp

Den Lachs kann man schon am Vorabend vorbereiten. Dazu passt eine Scheibe Brot oder ein vorgebackenes Crêpe.

Beurteilung nach TCM

Dieses Frühstück ist neutral. Der Lachs reguliert die Verdauung, stärkt die Verdauungskraft und regt die Darmpassage an.

Dieses edle und zugleich gesunde Frühstück bringt Ihren Darm in Schwung.

Gefüllter Roggenpfannkuchen

Zubereitung

1 | Das Mehl mit den Eiern und der Milch verrühren. Salzen und pfeffern und zu einem glatten Teig verarbeiten. Etwas Butter in einer Pfanne zerlassen, mit einem Schöpflöffel Teig hineingeben (es sollte ein dünner Pfannkuchen werden) und darauf etwas Roggen verteilen. Von beiden Seiten zu einem Pfannkuchen ausbacken. Mit dem restlichen Teig ebenso verfahren.

2 | Für die Füllung die Frühlingszwiebeln waschen, putzen und fein hacken und mit Frischkäse, Roggen, Kräutern, Salz und Pfeffer vermengen.

3 | Die Füllung auf die Pfannkuchen verteilen, die Pfannkuchen zusammenklappen und mit den Pinienkernen bestreut servieren.

Beurteilung nach TCM

Dieses Frühstück ist etwas erfrischend. Eier, Milch und Frischkäse sind befeuchtend, dies könnte den Verdauungstrakt blockieren; da aber die Verdauungsorgane am Morgen ihre stärkste Phase haben, können sie diese Arbeit bewältigen. Für den Abend würde sich das Gericht nicht eignen. Roggen tonisiert Energie und Yin (Substanz), hält das Blut flüssig, macht die Herzkanäle frei und beugt somit Arteriosklerose vor. Zudem fördert er die Darmpassage.

Zutaten für
2–3 Personen

Für den Teig:
100 g Mehl
2 Eier
1/8 l Milch
Salz, Pfeffer
20 g Butter
100 g Roggen

Für die Füllung:
2 kleine Frühlingszwiebeln
125 g Frischkäse
Etwas Roggen
Frische Kräuter
Salz, Pfeffer

Geröstete Pinienkerne
zum Garnieren

Zubereitungszeit:
15 Minuten

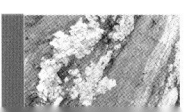

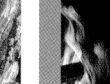

Süße Hirse

Zutaten für

1–2 Personen

50 g Hirse

1 TL Rosinen

1 Stück Ananas oder eine
andere Frucht der Saison
oder Trockenfrüchte

1 TL brauner Rohrzucker

Zubereitungszeit:

20 Minuten

Zubereitung

1 | Die Hirse in Wasser weich kochen, gut quellen und trocknen lassen. Abkühlen lassen und mit den Rosinen, den frischen Früchten und dem Zucker vermengen. Nach Belieben mit Orangenblütenwasser, Lavendelblüte oder Vanille abschmecken.

Tipp

Hirse kann auch salzig gegessen werden. Gekochte Hirse kann mehrere Tage im Kühlschrank aufbewahrt werden.

Beurteilung nach TCM

Die Thermik dieses Gerichts ist neutral. Ungeröstete Hirse tonisiert Energie und Körperflüssigkeiten, nährt die Nierensubstanz, klärt Magenfeuer und fördert die Darmpassage. Im Winter könnte dieses Frühstück mit Zimt ergänzt werden, um eine wärmende Wirkung zu erzielen; im Sommer dient die Hirse mit Früchten der Saison auch als Kompott.

Polenta

Zutaten für 4 Personen

Salz

Muskatnuss

250 g Maisgrieß (Polenta)

50 g Butter

Zubereitungszeit:

5 Minuten

Garzeit: ca. 20 Minuten

Zubereitung

1 | 1 Liter Wasser mit Salz und Muskatnuss zum Kochen bringen. Den Maisgrieß einstreuen und glatt rühren. Etwa 20 Minuten köcheln lassen, dabei ab und zu umrühren, damit die Masse nicht ansetzt. Vor dem Servieren die Butter unter die Polenta heben.

Tipp

Die Polenta kann man auch 2 Zentimeter dick auf ein gefettetes Backblech streichen, abkühlen lassen, in Stücke schneiden und in einer Pfanne braten. Sie kann süß, z. B. mit Kompott oder Marmelade, oder salzig, z. B. mit Schafskäse und Schnittlauch, gegessen werden.

Beurteilung nach TCM

Die Thermik dieses Gerichts ist neutral. Mais stärkt die Verdauungskraft, baut die Körpersäfte auf und regt die Darmpassage an.

木 火 土 金 水

Sandwich mit Vollkornbrot

Zutaten für 1 Person

1 Ei
1 Tomate
Einige Rucolablätter
1 Scheibe Vollkornbrot
Ca. 50 g Thunfisch
  aus der Dose

Zubereitungszeit:
15 Minuten

Zubereitung

1 | Das Ei in etwa 10 Minuten hart kochen, anschließend abkühlen lassen.

2 | Tomate und Rucola waschen. Die Tomate vom Stielansatz befreien und in feine Scheiben schneiden. Die gröberen Rucolastiele abschneiden, die Blätter in mundgerechte Stücke zupfen. Das Ei pellen und in Scheiben schneiden. Den Thunfisch in ein Sieb geben, abtropfen lassen und grob zerpflücken.

3 | Das Vollkornbrot mit Rucola, Thunfisch, Tomate und Ei belegen und mit Salz und Pfeffer würzen.

Tipp

Das Gericht kann endlos variiert werden. Als Zutaten gut geeignet sind auch Ziegenfrischkäse, Schnittlauch, Rosmarin, Akazienhonig, gebratene oder geräucherte Hähnchenbrust, Quark, Senf, Gurken und Salat.

Beurteilung nach TCM

Die Thermik dieses Gerichts ist neutral. Da der Verdauungstrakt allerdings eher durch gekochte Nahrung unterstützt und angeregt wird, sollte ein solches Sandwich nicht jeden Morgen auf dem Speiseplan stehen. Ein guter Kompromiss ist gekochte Nahrung als Belag: Hähnchenbrust und Rührei eignen sich eher als Marmelade oder Rohkost.

木 火 土 金 水

Zum Mitnehmen & schnelle Küche

Ein warmes Mittagessen lässt sich nicht an jedem Arbeitsplatz realisieren. Deshalb wollen wir mit einigen Rezepten Anregungen zu nährenden und vollwertigen Gerichten geben, die schnell zu kochen sind und sich gut zum Mitnehmen eignen. Denn nach einem »kaiserlichen Frühstück« sollten Sie ein »königliches Mittagsmahl« zu sich nehmen – dann stellt sich auch am Abend, wenn der Verdauungstrakt langsam zur Ruhe kommen sollte, kein allzu großer Hunger ein. Das Mittagsgericht sollte auf jeden Fall gekocht sein, muss aber nicht unbedingt aufgewärmt werden. Doch ein Eintopf beispielsweise, den Sie am Morgen warm machen, hält sich in einer Thermoskanne bis zum Mittag gut warm.

Sie können die Gerichte bereits am Vorabend ohne großen Aufwand, dafür aber mit frischen und guten Zutaten vorbereiten – denn »schnelle Küche« ist kein Synonym für »minderwertige Küche«.

    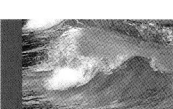

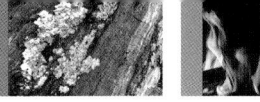

Maki-Sushi mit Avocado und Forelle

Zutaten für 4 Personen

150 g Sushi- oder Risottoreis
Salz
4 EL Reisessig
1 kleine Gurke
1/2 Avocado
1 geräuchertes Forellenfilet
6 Noriblätter
Wasabipaste
Sojasauce

Zubereitungszeit:
40 Minuten

Zubereitung

1|Den Reis waschen und etwa 30 Minuten in einem Sieb trocknen lassen. 200 Milliliter Wasser leicht salzen und aufkochen lassen. Den Reis darin zugedeckt 8 Minuten bei geringer Hitze garen. Wenn alles Wasser aufgesogen ist, den Topf vom Herd nehmen und zugedeckt weitere 10 Minuten stehen lassen. Reis mit Reisessig säuern, abkühlen lassen.

2|Gurke und Avocado schälen und mit der Forelle in 0,5 Zentimeter dicke Streifen schneiden. 1 Noriblatt auf eine Bambusmatte legen und 2 Esslöffel Reis gleichmäßig darauf verteilen. Am oberen und unteren Ende je 1 Zentimeter freilassen. In die Mitte Gurkenstreifen legen, mit Wasabipaste bestreichen, mithilfe der Bambusmatte zusammenrollen und festdrücken. Mit Forelle und Avocado ebenso verfahren.

3|Die Rollen in Stücke schneiden. Etwas Sojasauce in einem Schälchen mit ein wenig Wasabi vermischen. Die Maki hineintunken.

Tipp

Sushi-Röllchen lassen sich sehr leicht abwandeln: Noriblätter können durch gekochte Wirsingblätter oder Weinblätter ersetzt werden; die Füllung kann vegetarisch sein oder mit Fleisch oder Fisch – je nach Lust und Jahreszeit.

Beurteilung nach TCM

Die Thermik ist ausgeglichen: Reis, Gurke und Sojasauce sind kühlend, kalt sind die Noriblätter, den erwärmenden Gegenpol bilden Forelle und die Wasabipaste.

Putencurry in Kokosmilch

Zubereitung

1 | Das Putenfleisch unter fließendem kaltem Wasser abspülen, trockentupfen und in 0,5 Zentimeter große Würfel schneiden. Die Schalotte abziehen und in dünne Scheiben schneiden. Das Olivenöl erhitzen und das Geflügel darin anbraten. Mit Salz und Pfeffer würzen. Schalotten, Curry und Kokosraspeln dazugeben, kurz verrühren und mit dem Geflügelfond sowie der Kokosmilch ablöschen. Das Curry 2 bis 3 Minuten köcheln lassen.

2 | Das Curry vor dem Servieren mit Salz und Pfeffer abschmecken. Dazu passt Hirse.

Tipp

Zu diesem Gericht empfehlen wir Ihnen grünen oder Jasmintee. Es können je nach Geschmack auch Rosinen dazugegeben werden, die vorher im warmen Tee eingeweicht wurden.

Zutaten für 4 Personen

600 g Putenbrustfleisch
1 Schalotte
1–2 EL Olivenöl
Salz, Pfeffer
50 g scharfer oder
   mittelscharfer Curry
50 g geraspelte Kokosnuss
200 ml Geflügelfond
400 ml Kokosmilch

Zubereitungszeit:
15 Minuten

Beurteilung nach TCM

Dieses Gericht wirkt erwärmend und befeuchtend. Die Kokosmilch wird dem süßen Geschmack zugeordnet; sie baut Körpersäfte auf und beruhigt den Magen.

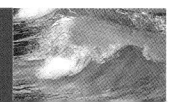

Geraspelte Zucchini

Zutaten für 4 Personen

2 feste Zucchini
1 Kopfsalat
2 hart gekochte Eier
2 frische oder getrocknete
　Tomaten
1 Zweig Thymian
Etwas Rosmarin
Salz, Pfeffer
Etwas Zitronensaft oder Essig
1–2 EL Olivenöl
4 Scheiben Brot
2 EL Sonnenblumen- oder
　Pinienkerne

Zubereitungszeit:
15 Minuten

Zubereitung

1|Die Zucchini waschen, putzen und in feine Streifen (Juliennes) schneiden. Den Kopfsalat waschen, trocknen und in mundgerechte Stücke teilen. Die Eier pellen und würfeln. Die Tomaten von den Stielansätzen befreien, häuten, entkernen und in kleine Würfel schneiden. Den Thymian waschen und trockenschütteln. Die Blättchen vom Zweig streifen. Alles zusammen mit dem Rosmarin in eine Schüssel geben, mit Salz und Pfeffer würzen. Zitronensaft oder Essig sowie Olivenöl über den Salat geben, gut vermengen und 2 bis 3 Minuten ziehen lassen.

2|Das Brot rösten und in Würfel schneiden. Die Sonnenblumen- oder Pinienkerne in einer Pfanne ohne Fett anrösten. Den Salat vor dem Servieren mit den Brotwürfeln und den Sonnenblumen- oder Pinienkernen bestreuen.

Tipp

Da gekochte Zucchini besser für den Stoffwechsel sind, sollten Sie sie 2 bis 3 Minuten in Salzwasser vorgaren. Ganz nach Belieben können Sie auch in Scheiben geschnittene schwarze Oliven und frische Kräuter wie Petersilie, Thymian oder Schnittlauch dazugeben.

Beurteilung nach TCM

Dieses Gericht wirkt erfrischend und eignet sich gut für wärmere Tage.

木　火　土　金　水

Fast Food muss nicht un-
gesund sein – das beweisen
diese thermisch neutralen
Maisküchle.

Maisküchle

Zutaten für 4 Personen
1 kleine Dose Mais
1 Ei
1 EL Mehl
Salz, Pfeffer
Muskatnuss
Etwas Butter zum Ausbacken

Zubereitung

1|Den Mais in ein Sieb geben und abtropfen lassen. Zusammen mit den übrigen Zutaten in den Mixer geben und kurz pürieren.

2|Die Butter in einer Pfanne erhitzen und aus dem Teig kleine Küchlein ausbacken. Heiß servieren.

Zubereitungszeit:
10 Minuten

Tipp

Zusätzlich können Sie noch etwas Ziegenkäse in den Mixer geben. Dazu passt Salat.

Beurteilung nach TCM

Die Thermik ist neutral, es sind alle Geschmäcker bis auf sauer vertreten. Mais stärkt die Verdauungskraft, baut Körpersäfte auf und regt die Darmpassage an.

    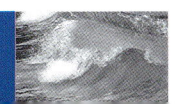

   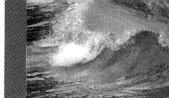

Ausgebackenes Gemüse

Zutaten für 4 Personen

1/4 kleiner Blumenkohl

200 g Kürbis

1 mittelgroße Zwiebel

1 kleine rote Paprikaschote

Für den Teig:

150 g Kichererbsenmehl

3 TL Öl

1/4 TL Salz

1 1/4 TL gemahlener
Koriander

1 1/2 TL gemahlener
Kreuzkümmel

Außerdem:

1/2 l Öl zum Ausbacken

Zubereitungszeit:

45 Minuten

Ruhezeit ca. 30 Minuten

Zubereitung

1|Den Blumenkohl in kleine Röschen zerpflücken, waschen und abtropfen lassen. Den Kürbis in grobe Stücke, die Zwiebel abziehen und in Ringe schneiden. Die Paprikaschote putzen, waschen und in breite Streifen schneiden.

2|Das Kichererbsenmehl in eine Schüssel geben und mit Öl, Salz und Gewürzen vermengen. Mit dem Handrührgerät 180 Milliliter kaltes Wasser unterrühren, dabei das Wasser in feinem Strahl dazugießen. Es soll ein dünnflüssiger Teig, ähnlich einem Pfannkuchenteig, entstehen. Die Schüssel mit einem Geschirrtuch abdecken und den Teig etwa 30 Minuten ruhen lassen.

3|Das Öl in einer Fritteuse, einem Topf oder einem Wok auf etwa 180 °C erhitzen. Das Gemüse Stück für Stück auf einer Gabel durch den Teig ziehen und in das heiße Öl geben. Jeweils in 10 bis 12 Minuten knusprig und goldbraun ausbacken. Die Kürbiswürfel und Zwiebelringe sind schneller fertig.

4|Die ausgebackenen Gemüsestückchen auf Küchenpapier abtropfen lassen und heiß servieren.

Tipp

Auf die gleiche Art lassen sich auch andere Gemüsesorten, etwa Auberginen, Zucchini, Brokkoli, Rosenkohl, Karotten, Champignons und Spinatblätter, zubereiten. Sie können dieses Gericht lange vor dem Essen zubereiten und entweder kurz erwärmen oder kalt essen. Kichererbsenmehl bekommen Sie in arabischen oder indischen Läden.

Beurteilung nach TCM

Die Thermik ist ausgeglichen, die meist kühlenden Gemüse werden von den erwärmenden Gewürzen neutralisiert. Die Kichererbse stärkt die Verdauungskraft, nährt die Körpersäfte, die Nieren und das Blut, leitet feuchte Hitze aus und wirkt entgiftend.

Linsenragout mit Hähnchenstreifen

Zutaten für 1 Person

1 Hähnchenkeule
1 kleine Schalotte
50 g rote Paprika
2 Zweige Thymian
1 Stängel Petersilie
1 TL Olivenöl
100 g rote Linsen
1 Lorbeerblatt
Kreuzkümmel
Geflügelfond oder Wasser
Salz, Pfeffer

Zubereitungszeit:
15 Minuten
Garzeit: 30–40 Minuten

Zubereitung

1 | Die Hähnchenkeule entbeinen und enthäuten. Das Fleisch unter fließendem kaltem Wasser abspülen und in feine Scheiben schneiden. Die Schalotte abziehen und fein hacken. Paprika in feine Würfel schneiden. Thymian und Petersilie waschen und trockenschütteln. Die Blättchen abzupfen und fein hacken.

2 | Olivenöl in einer Pfanne erhitzen, Schalotten und Paprikawürfel leicht glasig darin anschwitzen. Fleisch, Linsen, Lorbeer, Thymian und Kreuzkümmel dazugeben und mit Geflügelfond oder Wasser bedecken. Salzen und pfeffern und 30 bis 40 Minuten köcheln lassen. Das Linsenragout mit der Petersilie bestreut servieren.

Tipp

Dieses Gericht können Sie sehr gut am Vorabend vorbereiten.

Beurteilung nach TCM

Das Linsenragout ist neutral bis erwärmend. Rote Linsen tonisieren die Verdauungsenergie und nähren die Nierenessenz – ein nahrhaftes Gericht für alle, die hart körperlich arbeiten müssen, und insbesondere geeignet für kalte Wintertage.

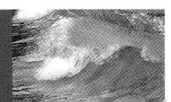

Saisonkalender

	Januar	Februar	März	April	Mai	Juni	Juli	August	September	Oktober	November	Dezember
Äpfel										●		
Aprikosen							●					
Birnen									●			
Blattspinat				●	●					●		
Blumenkohl						●	●					
Brechbohnen							●	●	●	●		
Broccoli						●						
Brombeeren								●				
Champignons												
Chicorée	●									●	●	●
Chinakohl	●								●	●	●	●
Dicke Bohnen							●					
Eisbergsalat						●	●	●	●			
Endiviensalat									●	●		
Erbsen							●					
Erdbeeren						●	●					
Feldsalat	●									●		
Fenchel									●	●		
Friséesalat												
Frühlingszwiebeln					●	●						
Grünkohl											●	
Heidelbeeren												
Himbeeren							●					
Johannisbeeren							●					
Kartoffeln												
Kirschen						●	●					
Knollensellerie	●											●
Kohlrabi					●							
Kürbis										●	●	●

 Vorsaison   Saison    Hochsaison

	Januar	Februar	März	April	Mai	Juni	Juli	August	September	Oktober	November	Dezember
Lauch										●	●	
Mangold												
Meerrettich					●	●						
Mirabellen								●				
Möhren											●	
Pflaumen							●					
Quitten											●	
Radicchiosalat					●							
Radieschen					●							
Rettich					●	●						
Rhabarber				●	●							
Rosenkohl											●	●
Rote Bete											●	●
Rotkohl	●									●	●	
Salat					●	●	●	●	●			
Salatgurken							●	●				
Schwarzwurzeln	●										●	●
Spargel					●							
Spitzkohl					●							
Stachelbeeren						●						
Stangenbohnen								●				
Stangensellerie									●	●		
Tomaten								●	●			
Weißkohl									●	●	●	
Wirsing							●					
Zucchini							●	●	●			
Zuckermais									●			
Zwetschen								●				
Zwiebeln									●			

Quelle: CMA

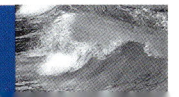

Dank

Mein Dank gilt allen, die mir geholfen haben, dieses Buch zu schreiben und fertigzustellen.

Ganz speziell möchte ich mich bei Ina und Claude Diolosa bedanken, die mir mit ihrem herzlichen und spannenden Unterricht viel Wissen und vor allem tiefe Einsichten vermittelt haben und hoffentlich auch in Zukunft noch einiges beibringen werden. Die wesentlichen Anregungen zu diesem Buch habe ich während des Unterrichtes von Claude Diolosa erhalten.

Das Fundament dieses Kochbuchs bilden die köstlichen Rezepte von Christian Begyn. Danke, Christian, dafür, für deine entspannte Art, mir zuzuhören, und für die Mühe, neue Gerichte für die Fünf-Elemente-Küche zu kreieren.

Zudem gilt mein Dank Michael Müller, der mir geholfen hat, meine Gedanken zu Papier zu bringen, sowie meiner Frau Christina, die mich immer unterstützt und es (meistens) verstanden hat, wenn ich weniger Zeit für sie hatte.

Herzlichen Dank auch dem Südwest Verlag, speziell Susanne Kirstein, Ulrike Kretschmer und Eva Salzgeber. Es hat Spaß gemacht, mit ihnen zusammenzuarbeiten.

Und nicht zuletzt ein herzliches Dankeschön an alle, die ich vergessen habe!

Mike Morell

Sachregister

木 火 土 金 水

Rezeptregister

Adressen und Literatur

Weiterführende Kurse:
Kochen nach den Fünf Elementen, Traditionelle Chinesische Medizin, Nahrungsmitteltabellen und vieles mehr finden Sie auf der deutschsprachigen Internetseite des Avicenna-Instituts:

Avicenna Institut
Ina und Claude Diolosa, La Boria del Cheyrou, F-24580 Plazac
Tel./Fax.: 0033/(0)553/50 86 02, www.avicenna-institut.de

Kochkurse
Christian Begyn, Sternekoch, 38, Rue du Maréchal Leclerc
F-68600 Obersaasheim, Tel./Fax: 0033/(0)38972/59 16, www.begyn.de (deutschsprachig)

TCM-Therapie
Mike Morell, HP, Praxis für Traditionelle Chinesische Medizin und Chiropraktik
Kronenstr. 33, 79100 Freiburg, Tel.: 0761/70 43 456, www.mikemorell.de

Kochschule
Mike Morell, »Fünf-Elemente-Gourmetküche«
Kronenstr. 33, 79100 Freiburg, Tel.: 0761/70 43 456, www.tcm-gourmet.de

Weiterführende Literatur
Flaws, Bob: *Das Yin und Yang der Ernährung.* Otto Wilhelm Barth, Bern/München
Jacoby, Bengt: *Die fünf Elemente für gesundes Leben.* Herder, Freiburg
Ploberger, Florian: *Die Grundlage der Traditionellen Chinesischen Medizin.* Bacopa, Linz
Siedentopp, Uwe: *Praxishandbuch Chinesische Diätetik.* Siedentopp & Hecker GbR, Kassel
Temelie, Barbara: *Ernährung nach den Fünf Elementen.* Joy, Sulzberg

Impressum

© 2008 by Südwest Verlag, einem Unternehmen der Verlagsgruppe Random House GmbH, 81673 München

Bildnachweis:
Alle Foodbilder stammen von Maja Smend, London.
Alle Peoplebilder stammen von Gabriele Raith, München, mit Ausnahme von:
Morell Mike, Freiburg: 9; Pautner Norbert, Berlin: U1 (Schriftzeichen); Photodisc: 30; Salzgeber Eva, Neubeuern: 4 o. (Bild 1 und 3), 26; Südwest Verlag, München: 4 o. (Bild 4: Irmin Eitel); SXC. Hu, Haap Media Ltd.: 4 o. (Bild 2: SEP pics), (Bild 5: bmarques 88)

Titelbild von Maja Smend, London.

Illustrationen der chin. Schriftzeichen: Norbert Pautner

Redaktionsleitung: Susanne Kirstein
Umschlaggestaltung: Eva M. Salzgeber, Neubeuern
Satz, Layout, Producing: Eva M. Salzgeber, Neubeuern
Redaktion: Dr. Ulrike Kretschmer, München
Bildredaktion: Tanja Nerger
Korrektorat: Susanne Langer, Traunstein

Reproduktion: Artilitho, Lavis (Trento)
Druck und Verarbeitung:
Mohn media Mohndruck GmbH, Gütersloh

Printed in Germany

ISBN 978-3-517-08395-7
9817 2635 4453 6271

	HEISS	WARM	NEUTRAL
Holz **SAUER** • bewahrt die Säfte • befestigt • zieht zusammen		**Getreide:** Grünkern **Fleisch:** Huhn, Hähnchen **Gewürze:** Essig **Getränke:** Kirschsaft	**Milchprodukte:** Quark **Gewürze:** Kerbel
Feuer **BITTER** • führt ab • trocknet aus • hemmt Entzündungen	**Fleisch:** Lamm, Ziege **Getränke:** Bitterlikör	**Getreide:** Buchweizen **Milchprodukte:** Ziegenkäse, Ziegenmilch **Kräuter/Gewürze:** Kakao, Kurkuma, Mohn, Oregano, Rosenpaprika, Rosmarin, Thymian, Wacholderbeeren **Getränke:** Rotwein, trocken	**Gemüse:** Rosenkohl
Erde **SÜSS** • regt an • harmonisiert • befeuchtet • entspannt	**Gewürze:** Anis, Zimtpulver	**Getreide:** Amarant, Sago, süßer Reis **Gemüse:** Fenchel, Kürbis, Möhre, Süßkartoffel **Obst:** Aprikose, Korinthe, Pfirsich, Rosine, Süßkirsche, Traube **Gewürze:** Amasake, Vanille, Walnussöl **Nüsse:** Kastanie, Kokosmilch, Pinienkerne, Pistazie, Walnuss **Getränke:** Alkohol (süß), Honigwein, Likör, Traubensaft, Wein (süß), Fencheltee, Kümmeltee	**Getreide:** Hirse **Gemüse:** alle Kohlsorten, Avocado, Buschbohne, Erbse, Kartoffel, Rübe **Obst:** Ananas, Dattel, Feige, Honigmelone, Papaya, Pflaume **Fleisch:** Kalb, Rind **Milchprodukte:** Butter, Dickmilch (süß), Ei, Joghurt (süß), Käse (fett), Kuhmilch, Sahne (süß) **Gewürze:** Honig, Malz, Marzipan, Rohzucker, Safran, Süßholz **Nüsse/Samen:** Erdnuss, Haselnuss, Mandel, Sesam **Getränke:** Malzbier
Metall **SCHARF** • öffnet und verteilt • löst Stagnationen auf • wirkt schweißtreibend	**Gewürze:** Chili, Curry, Fenchel, Muskatnuss, Nelke, Pfeffer, Piment, Sternanis, Zimtrinde **Getränke:** Glühwein, Schnaps, Whisky, Wodka, Yogitee	**Getreide:** Hafer **Gemüse:** Frühlingszwiebel, Lauch (Porree), Meerrettich, Schalotte, Zwiebel **Fleisch:** Fasan, Gans, Hirsch, Pute, Rebhuhn, Truthahn, Wachtel, Wildschwein **Milchprodukte:** Käse (stark) fermentiert, Harzer Käse, Münsterkäse, Schimmelkäse **Gewürze:** Basilikum, Dill, Gewürzpaprika, Ingwer, Kardamom, Knoblauch, Koriander, Kreuzkümmel, Kümmel, Lorbeerblätter, Majoran, Mandarinenschale, Orangenschale, Petersilie, Schnittlauch, Senf, Tumeric **Getränke:** Reiswein (Sake)	
Wasser **SALZIG** • weicht auf • führt ab • wirkt Stagnationen entgegen		**Fisch:** Aal, Barsch, Forelle, Garnele, Hummer, Kabeljau, Krabbe, Lachs, Languste, Miesmuschel, Sardelle, Scholle, Shrimps, Thunfisch	**Hülsenfrüchte:** Erbse (getrocknet), Linse, Saubohne. Stangenbohne **Fisch:** Karpfen